DOMENIC-LUKAS KEIP

DIE
KRANKHEIT
IN MIR

novum ◢ pro

www.novumverlag.com

Bibliografische Information
der Deutschen Nationalbibliothek:

Die Deutsche Nationalbibliothek
verzeichnet diese Publikation in
der Deutschen Nationalbibliografie.
Detaillierte bibliografische Daten
sind im Internet über
http://www.d-nb.de abrufbar.

Gedruckt in der Europäischen Union
auf umweltfreundlichem, chlor- und
säurefrei gebleichtem Papier.

© 2024 novum Verlag

ISBN 978-3-99146-173-9
Lektorat: Mag. Angelika Mählich
Umschlagabbildungen:
Robisklp | Dreamstime.com;
Domenic-Lukas Keip
Umschlaggestaltung, Layout & Satz:
novum Verlag

www.novumverlag.com

Druckprodukt mit finanziellem
Klimabeitrag
ClimatePartner.com/16547-2311-1001

Inhaltsverzeichnis

Vorwort

Hilfe ist etwas, was wir alle zu einem bestimmten Zeitpunkt in unserem Leben brauchen, ob gefragt oder ungefragt. Es ist ein Leichtes, jemanden nach dem Weg zu fragen, seine Eltern zu fragen, ob man bei einem Freund übernachten kann, seinen Lehrer zu fragen, ob er das letzte Thema nochmals genauer erklären könnte oder den Arzt zu fragen, ob er sich den gebrochenen Arm oder die laufende Nase mal genauer ansehen könnte. Doch wie verhält es sich, wenn die Frage nach Hilfe an sich nicht mehr so einfach ist? Wenn Sie selbst nicht einmal genau wissen, was mit Ihnen los ist? Wie fragen Sie da nach Hilfe oder sogar noch wichtiger, wen fragen Sie? Wenn Sie sich plötzlich an einem Ort wiederfinden, an dem alles grau, traurig und trostlos ist und niemand Sie für voll nimmt, wenn sie von diesem Ort berichten, was würden Sie dann tun? Wenn alles hilflos zu sein scheint und die pure Verzweiflung uns ein Messer an die Kehle drückt, so schreien wir innerlich nach Hilfe, doch nach außen sind manche vielleicht auf Ablehnung gestoßen. Manche bleiben deshalb ruhig und beantworten die Frage „Wie geht es dir?" mit einem Lächeln, gefolgt von einem halbherzigen „Gut". Wenn in Wirklichkeit so mancher von einem Monster heimgesucht wird, das sich in den dunkelsten Ecken des Verstandes versteckt. Man möchte gern vor seiner liebsten Person auf die Knie fallen, weinend und schluchzend darum bitten, dass das Leiden ein Ende hat. Psychische Krankheiten lassen sich nicht mit einem Gips oder einem Pflaster heilen. Selbst Medikamente sind meist nur für eine Linderung der Symptome gut, bieten aber keinerlei Heilung. Es ist schwer zu verstehen, was mit einem geschieht, während man der Krankheit schutzlos ausgeliefert ist. Noch weniger wird es den Außenstehenden klar sein, was mit der jeweiligen Person los ist. Die betroffene Person braucht Hilfe. Ob sie dies äußerlich ablehnt, spielt dabei keine Rolle. Hilferufe können sich verstecken, sie können in scheinbar dahingeworfenen Kommentaren zum Vorschein kommen oder in Form von Selbstverletzung. In diesem Buch wird die Geschichte eines Menschen erzählt, der an einer psychischen Krankheit leidet. Seine Geschichte ist dabei keine Kreation wilder Fantasie. Sein Leben vor der Krankheit, seine Symptome und das Ende der Geschichte sind alles realistische Szenarien, basierend auf Recherchiertem und Selbsterlebtem. Der Protagonist braucht Hilfe. So wie viele andere Menschen auf unserem Planeten auch.

ERSTER AKT

Kapitel 1:
Nur ein Traum

Egal wo man auch hinsah, überall wuchsen Blumen aller möglichen Farben auf einem schier unendlichen Wiesenmeer. Inmitten dieses kunterbunten Blumenbeets stand Diel. Langsam ging er vorwärts, seine Hände suchend die Blumen um ihn herum ausgestreckt und seine Augen weit aufgerissen. Etwas Friedvolles ging von diesem Ort aus. Er schaute umher und versuchte die verschiedenen Blumen, die er sah, zu benennen. Rosen, Orchideen, Gänseblümchen, Mohnblumen, Lilien, es waren so viele und dennoch sah jede Einzelne anziehender aus als die andere. Nach einer Weile bemerkte Diel in der Ferne eine weitere Blume, doch diese war größer als alle anderen. Er lief zu ihr hinüber. Alle Blumen reichten ihm bisher bis zu seinem Oberschenkel, doch diese überragte ihn fast über seine doppelte Körpergröße hinaus. Er lief immer weiter auf sie zu und umso näher er ihr kam, desto mehr verschwanden die anderen Blumen aus seinem Blickfeld. Diese eine Blume schien sie alle zu übertreffen, es war ein bemerkenswertes Gefühl, ein Verlangen, dass er noch nie gefühlt hatte. Er stand inzwischen genau neben ihr. Jetzt betrachtete er sie ganz genau. Den Kopf konnte er nicht erkennen und der Stiel der Blume trug keine Blätter, er war ein reiner grasgrüner Stiel, aus dem eine durchsichtige, leicht rötliche Flüssigkeit zu laufen schien. Es hatte die Ähnlichkeit mit einem Schweißausbruch. Diel streckte seinen Finger aus und ließ die Flüssigkeit darauf zufließen. Sie war kühl und hatte eine eigenartige Konsistenz. Es fühlte sich an wie Honig, nur ohne die Klebrigkeit. Er brachte seinen Finger, der nun komplett mit der Flüssigkeit umhüllt war, zu seinem Mund. Ein verführerischer Geruch betörte seine Nase, er leckte seinen Finger. Es war süß mit einem bitteren Nachgeschmack. Diel überkam ein plötzliches Verlangen nach mehr. Er packte den Stiel der Pflanze mit seinen zwei Händen und fing an, die Flüssigkeit direkt abzusaugen. Doch immer weniger Flüssigkeit trat aus dem Stiel aus. Wie in einem Rausch begann er seine Zähne in den Stiel der Blume zu bohren. Er spürte, wie sich sein Mund wieder mit dem süßen verlockenden Geschmack füllte. Er biss immer weiter und weiter, riss ganze Stücke aus dem Stiel heraus, um seinen Mund immer mehr mit der Flüssigkeit zu füllen. Die Flüssigkeit fing an, sich in seinem Mund zu sammeln und lief ihm kriechend aus dem Mund. Diel bemerkte, dass ihm das Atmen immer schwerer fiel, er versuchte zu schlucken, doch die Flüssigkeit schien nicht weniger zu werden. Panik schlich sich an, und Diel versuchte sich von seinem Fressrausch zu lösen. Doch er konnte nicht aufhören. Er schluckte und schluckte, doch es half nicht. Er merkte, wie ihm die Flüssigkeit nicht nur durch den Mund entglitt, sondern nun auch durch die Nase. Er hatte das Gefühl zu ersticken, mit jedem Versuch zu atmen zog er Flüssigkeit in seine Lunge. Er versuchte zu husten, doch sein Schluckreflex schien stärker zu sein. Er versuchte zu schreien, doch seine Schreie verstummten unter den Massen an Flüssigkeit in seiner Lunge. Mit letzter Kraft versuchte er seine Hände von dem inzwischen dunkel gewordenen Stiel zu lösen. Und tatsächlich schaffte er es, seine linke Hand zu lösen. Reflexartig steckte er sich seine Hand in den Mund, in der Hoffnung, weitere Flüssigkeit davon abzuhalten, in ihn einzudringen. Sein Mund bewegte sich weiter, er biss und biss. Der süßliche Geschmack bekam eine metallische Note, seine Hand schmerzte. Verzweifelt versuchte er zu verstehen, wie er dieser Situation entkommen könnte. Er versuchte seine Finger weiter in Richtung Rachen zu schieben. Er schaffte es so weit nach hinten, dass er mit Hilfe seines Zeigefingers seinen Würgreflex aktivierte. Er fiel auf seine Knie und erbrach. Er spürte, wie sich sein Mund und seine Nase entleerten, doch er konnte immer noch nicht atmen. Er versuchte neben seinem Erbrechen durch Husten auch seine Luftröhre zu reinigen. Es gelang ihm schlussendlich, sich der Flüssigkeit zu bereinigen. Erleichterung begann sich langsam auszubreiten und Diel schaute auf seine linke Hand. Sie war überströmt mit einem Gemisch aus Blut, Erbrochenem und der seltsamen Flüssigkeit. Er blickte zum Stiel hinauf. Die Wunden, die er dem Stiel hinzufügte, schienen sich zu schließen. Der schwarz-grün gewordene Stiel färbte sich wieder zu einem hellen fröhlichen Grün. Dann fing er an sich zu bewegen. Er beugte sich und Diel konnte erkennen, dass der Kopf des Stiels sich hinab bewegte. Die Pflanze als Ganzes schien sich zu ihm herunterzubeugen. Diel starrte nur, seine Gedanken sprangen umher wie eine Meute von wildgewordenen Hunden. Verwirrt und verängstigt schaute er hinauf. Eine schwarze halboffene Blüte schaute auf ihn hinab. Der Kopf der Pflanze hatte fünf Blütenblätter. Sie alle waren pechschwarz. Der Kopf kam immer näher, bis er nur noch einige Zentimeter von Diels Kopf entfernt war. Diel warf nun einen genaueren Blick auf die Blüte. Sie schien kleine gelbe Punkte zu haben. Winzig klein, kaum erkennbar. Diel fühlte sich unwohl, er wollte weg von dieser Pflanze. Er kroch langsam zurück, doch die Pflanze schien ihm zu folgen. Plötzlich hörte er ein leises Summen. So leise, dass man es kaum hörte, wenn man auch nur das kleinste Geräusch machte. Diel blickte suchend umher, er versuchte die Quelle des Geräuschs zu lokalisieren. Es schien von der Blüte selbst zu kommen. Sie kam immer näher an sein Gesicht heran und das Summen wurde immer lauter. Langsam bewegten sich die Blütenblätter auseinander. Diel erstarrte vor Schreck. Die Blätter offenbarten ein widerliches Maul voller Reihen mit rasiermesserscharfen Zähnen. Die Innenseite der Blütenblätter schienen selbst winzig kleine gelbe Zähne zu besitzen. Im Inneren des Mauls konnte Diel einen federigen Körper erkennen. Er sah halb zersetzt aus, nur noch aus Knochen und Federn bestehend. Einige Knochen schienen fast durchsichtig und verflüssigt. Die Zähne knirschten aufeinander und zogen den Körper weiter hinunter in das schwarzrote, leicht süßlich riechende Maul. Diel konnte sich nicht bewegen, seine Beine zitterten. Das Maul kam näher an ihn ran und das Summen wurde ohrenbetäubend laut. Er merkte, wie

eine salzige Flüssigkeit seine Wange bis zu seinem Mund hinun-
terlief. Schluchzend mit zittriger Stimme versuchte er die Blüte
von sich zu weisen. „Bitte, lass mich. Bitte, bitte. Ich will noch
nicht ... Ich will noch nicht. Bitte", schlagartig umwickelte ihn
ein schwarzer Teppich aus Zähnen. Er erwachte.

Kapitel 2:
Nur ein Schultag

Er stellte seinen Wecker aus. Diel blickte umher. Er erkannte sein Zimmer und ein Ausdruck von Erleichterung machte sich in seinem Gesicht breit. Langsam stieg er aus seinem Bett und blickte aus seinem Fenster. Es war noch früher Morgen, die Sonne zeigte sich nur schüchtern. Er taumelte noch immer etwas benommen in Richtung Badezimmer. Er nahm sich seine blaue Zahnbürste und blickte in den Spiegel. Dunkle Augenringe in einem bleichen mit Tränen gezeichnetem Gesicht blickten ihm entgegen. Diel wischte sich die Reste seiner Tränen aus dem Gesicht und putzte sich die Zähne. Danach ging er zu seinem Kleiderschrank. Er öffnete ihn und starrte etwas genervt hinein. Die Kleider waren allesamt geordnet und sorgfältig eingeräumt worden. Er nahm eine Biege farbenfroher T-Shirts aus dem Kleiderschrank und schmiss sie auf sein Bett. Manche hatten verschiedene Motive von Charakteren oder Logos darauf, wie Winnie Puh oder Bugs Bunny. Diel nahm sich ein schwarzes T-Shirt aus dem Schrank ohne Motiv. Dazu wählte er eine dunkelblaue Jeans und schwarze Socken. Im Bad nochmals angekommen, versuchte er sein etwas durcheinandergeratenes blondes Haar mit Wasser abzuflachen und kämmte es auf die Seite. Leise nahm er seinen Rucksack, schlich die Treppe hinunter, am Küchentisch vorbei und ging in Richtung Haustür. Er blickte auf den Kleiderständer. Dort hingen drei Stoffjacken. Eine weiße, eine rote und eine schwarze Jacke. Diel nahm sich die schwarze und stülpte sie über. Er öffnete die Tür, ging hinaus, setzte sich die Kapuze auf und lief zur Schule.

In der Schule angekommen, ging er sofort in das Klassenzimmer und setzte sich an seinen Platz. Er packte sein Schulmaterial aus und vermied es, irgendjemanden seiner Klassenkameraden anzuschauen. Plötzlich bekam er einen leichten Stoß von hinten.

„Guten Morgen, Schlaftablette. Spannende Nacht gehabt?", ein breites Lächeln mit braunen Haaren sprang Diel ins Gesicht.

„Morgen, Aiden.", gab Diel trocken mit einem aufgesetzten Lächeln zurück. Aiden blickte Diel ein wenig skeptisch an.

„Und?"

„Was und?", fragte Diel verwirrt.

„Ob du ne spannende Nacht gehabt hast, hab ich gefragt!", hackte Aiden nach. Er war immer sehr aufdringlich, wenn man nicht gleich auf seine Fragen antwortete.

„Nein, alles normal. Hab geschlafen."

„Du kannst mir vieles sagen, aber geschlafen hast du bestimmt nicht. Außer wir beide meinen jeweils eine andere Bedeutung von Schlafen", zwinkerte ihm Aiden zu. Diel stieß ein abwickelndes Lachen aus. „Wie auch immer, Osore und ich gehen ja morgen auf diese außerschulische Studienreise für eine Woche. Und du wolltest ja nicht mit, also wollte ich dich fragen, ob du Zeit hättest, eventuell meinen Hamster zu füttern, während ich weg bin?", Aiden setzte ein breites Lächeln auf.

„Können deine Eltern nicht?", fragte Diel etwas verwirrt.

„Die sind auf einer Kreuzfahrt. Kommen erst in drei Wochen zurück. Und du bist mein bester Freund, also bist du natürlich meine beste Alternative." Diel schaute Aiden direkt in die Augen. Diel verspürte einen gewissen Druck, ähnlich, wie wenn man unter Zeitdruck stünde.

„Na gut ich tu's. Aber du bist mir was schuldig", scherzte Diel.

„Ich danke dir. Und als Zeichen meiner Dankbarkeit verspreche ich dir, dass ich aufpasse, dass niemand Osore anquatscht", lachte Aiden. Verlegen brach Diel den Blickkontakt mit Aiden ab und schaute auf seine Schulbücher, die auf seinem Tisch lagen. Da ertönte die Schulglocke und alle Schüler nahmen ihre Plätze ein.

Die Stunden fühlten sich an wie eine Ewigkeit. Diel versuchte dem Lehrer stets zu zuhören, doch immer wieder driftete er ab und dachte wieder an seinen Traum. Es war nicht der erste Albtraum, den er erlebte, doch die Todesangst fühlte sich so echt an. Das Bild der Blume, die Zähne und das Flehen um Gnade ließen ihn noch immer schaudern. Irgendwann klingelte es dann zur Mittagspause. Diel wartete, bis Aiden zu ihm rüberkam und dann gingen sie zusammen in die Cafeteria. Sie setzten sich an einen Ecktisch, weiter weg von den anderen Schülern, die dort speisten. Eine Schülerin mit schwarzen Haaren, die ihr bis zu ihren Schultern reichten, kam auf die zwei zu. Sie setzte sich zu ihnen und gab Aiden einen Schulterklopfer.

„Und wieder ein weiterer langweiliger Schultag, der nicht enden will", scherzte sie.

„Durchhalten, Osore, bald ist es vorbei. Dann heißt es eine Woche Strandurlaub", lachte Aiden.

„Wenn die Lehrer mitspielen, aber die werden schon dafür sorgen, dass uns der Lernstoff nicht ausgeht", sie packte aus einer Papiertüte eine Brotdose und eine Flasche Wasser aus. „Diel, du siehst etwas blass aus, alles okay?" Osore lächelte etwas verlegen in Diels Richtung.

„Alles okay, nur etwas müde", winkte er ihr entgegen.

„Ich dachte, du hast die Nacht geschlafen?", stichelte Aiden.

„Ich habe nie gesagt, dass ich *gut* geschlafen habe", sagte Diel etwas erwartungsvoll. Niemand ging weiter darauf ein.

Die Mittagspause schien für Diel nie lange anzudauern. Osore und Aiden redeten über den morgigen Tag und was sie alles auf ihrem Ausflug sehen wollen.

Manchmal fühle ich mich einfach fehl am Platz. Ich kann nicht mitreden, aber ich bin auch selber schuld. Ich brauche diese Studienreise nicht und wild am Strand feiern kann ich nicht. Was, wenn ich dort etwas Dummes anstellen würde? Ich bin irgendwo, weit weg von zu Hause und blamiere mich vor allen Leuten. Für Aiden und Osore wäre das ebenfalls blamierend. Sie freuen sich so auf den Ausflug und dann komme ich und reiße die ganze Stimmung runter. Es ist

besser so. Auch wenn ich jetzt gerne mit Osore über den Ausflug re-
den würde. Generell wäre das schön, mit ihr allein mal wieder zu re-
den. Wenn sie lacht oder mich anlächelt, habe ich das Gefühl, alles
von früher verschwindet und ich kann einfach nur ich sein. Ich habe
dann das Gefühl, am richtigen Ort zu sein. Wie kann ein Mädchen
mir nur so sehr den Kopf verdrehen?

Die Glocke ertönte und alle Schüler machten sich wieder zu-
rück in ihre Klassen.

„Also Jungs, dann bis später!", rief Osore ihnen zu, als sie
sich durch den schmalen Gang voller Schüler kämpfte. Diel und
Aiden winkten ihr nur entgegen und quetschten sich dann sel-
ber zu ihrem Klassenzimmer durch.

„Mann, diese Scheiß-Gänge. Wir haben jetzt Psychologie,
oder?", fragte Aiden.

„Ja, nur noch vier Zimmer weiter", antwortete Diel.

„Na, dann los, ohne Rücksicht auf Verluste!" Aiden nahm
Diels Hand und stürmte durch die Menschenmenge. Viele Schü-
ler und Schülerinnen schauten dabei genervt den beiden zu. Diel
wurde etwas verlegen, während man von Aiden nur ein halb-
herziges „Sorry!" hörte.

Ich bewundere, dass Aiden sich nicht wirklich etwas aus den Mei-
nungen von anderen ihm gegenüber macht. Manchmal glaube ich, die
ganze Schule könnte ihm jeden Tag sagen, was für ein mieser Arsch
er sein kann, und er würde sich lächelnd bedanken. In diesem Punkt
unterscheiden wir uns wohl am meisten. Ich würde das kaum aushal-
ten können, stets beurteilt zu werden, nicht noch einmal.

Der Freitag war ein entspannter Schultag. Die Schule fängt um
acht an und endet um fünfzehn Uhr. Die letzten beiden Stun-
den waren Psychologie. Ein Fach, das Diel sehr interessant fand.

Das Innere eines Menschen, das, was man nicht sehen oder anfassen
kann. Unvorstellbar und doch ist es da, die Psyche. Es kann je nach
Schicksalsschlag ein Segen oder ein Fluch sein. Extreme psychische

Krankheiten wie Schizophrenie oder dissoziative Identitätsstörungen sind dabei nur einige Beispiele, wie sehr der menschliche Verstand es vermag, das Leben einer Person komplett zu verändern. Wir lesen stets über die Symptome in Büchern oder schauen uns Interviews an von Menschen, die sich erfolgreich gegen ihre Krankheit gewehrt haben. Doch wie sieht es aus, wenn man der Person direkt gegenübersteht, während sie zum Beispiel Wahnvorstellungen hat? In unseren Büchern heißt es, Menschen mit manischen Zuständen befinden sich auf einem emotionalen Höhenflug, alles scheint ihnen egal zu sein. Doch wie fühlt sich das wirklich an? Wie verhält sich diese Person, wenn ich ihr genau gegenüberstehen würde? Jede Person erlebt ihre psychische Störung anders. Eine Person mit Schizophrenie sieht wahrscheinlich nicht die gleichen Halluzinationen wie eine andere, wiederum sehen manche vielleicht nichts, aber hören dafür etwas, was nicht da ist. All diese verschiedenen Symptome, seien sie körperlich oder geistig, stehen hier in unseren Fachbüchern, aber keiner von uns wird jemals wirklich wissen, wie es ist, diese Hölle zu durchleben. Und dafür sollten wir dankbar sein.

In Gedanken versunken überhörte Diel das Läuten der Glocke. Aiden stupste ihn von hinten an.

„Na, komm Tagträumer, verschwinden wir. Osore wartet bestimmt schon auf uns. Du willst sie doch nicht warten lassen, oder?", lachte er, während er Diels Rucksack nahm.

„Halt die Klappe", leicht errötet zeigte er Aiden seinen Mittelfinger. Die beiden gingen hinaus Richtung Schultor. Osore stand schon dort und unterhielt sich mit einem anderen Schüler.

„Oh, da flirtet wohl jemand mit ihr. Du solltest wohl schnell was tun, sonst wird sie dir noch weggeschnappt", stichelte Aiden. Diel war fest fixiert auf den fremden Schüler. Wut machte sich in seinem Körper breit. *Wieso rege ich mich auf? Mit welchem Recht?* Die Wut wandelte sich in Verzweiflung. *Ich muss irgendwas tun, ich will meine Chance. Was soll ich tun? Was kann ich tun? Ich kann ihn nicht einfach schlagen. Das wäre mir peinlich. Verdammt, Aiden, hör auf blöd zu reden und mach doch du etwas.* Schließlich wandelte sich die Verzweiflung in Hoffnungslosigkeit. *Ich bin zu feige,* um irgendetwas zu machen. *Und es ist nicht Aidens Aufgabe, meine Interessen zu vertreten. Ich habe meine Chance nie wahrgenommen, daran bin nur ich schuld und jetzt muss ich mit den Konsequenzen leben. Sie hätte wahrscheinlich eh kein Interesse an so einem Langweiler wie mir.*

„Ah Jungs, das ist Peter. Er ist neu an unserer Schule", lächelte Osore ihnen entgegen.

„Hi, ich bin Aiden", Aiden blickte zunächst etwas zynisch zu Diel, doch er änderte seinen Blick in leichte Verwirrtheit, als Diel nichts sagte und äußerst traurig wirkte.

„Freut mich, euch kennenzulernen. Osore hat mir das Schulgelände gezeigt. Man scheint sich hier wirklich leicht zu verirren in dieser riesigen Schule", lachte Peter.

„Peter kommt mit uns auf die Studienreise. Da fällt mir ein, wir gehen jetzt noch in die Stadt, um ein paar letzte Sachen zu besorgen, willst du mitkommen?", fragte Osore. Diel sagte während dieser ganzen Zeit nichts. Er begutachtete Peter unauffällig. Er hatte braunes Haar, Sommersprossen im Gesicht, eine etwas krumme Nase, sah sehr sportlich aus und trug bunte Kleider. *Mein komplettes Gegenstück.* Diel verspürte plötzlich eine gewisse Leere in seinem Körper, die sich immer weiter auszubreiten schien. Er wollte nicht mehr dort sein, er wollte verschwinden.

„Danke für die Einladung, aber meine Freundin holt mich gleich ab und wir gehen ins Kino", sagte Peter. Diel horchte auf. Die Leere in seinem Körper verschwand. Er fühlte statt der Leere große Erleichterung.

„Was läuft denn im Kino?", fragte Diel etwas schüchtern und dennoch erwartungsvoll.

„Irgend so ein Liebesfilm, meine Freundin hat den ausgesucht. Na ja, nicht wirklich mein Ding, aber was man nicht so alles tut für seine bessere Hälfte", scherzte Peter.

„Echt süß von dir, ich wünschte, mich würde jemand mal so ausführen", seufzte Osore. Diel schossen tausend Gedanken durch den Kopf, Aiden stupste ihn leicht mit dem Ellenbogen an und flüsterte: „Noch mal Glück gehabt."

Sie winkten Peter zum Abschied, als er in das rote Cabrio seiner Freundin stieg.

„Irgendwie peinlich, wenn deine Freundin dich umherfahren muss. Und dann noch in so einer hässlichen roten Karre", nuschelte Aiden vor sich hin.

„Ach nur kein Neid, Aiden, du würdest bestimmt auch gerne jemanden haben, der dich herumfährt. Und wenn es eine richtig hübsche Fahrerin ist, würde dich das Auto doch überhaupt nicht interessieren", antwortete Osore mit einem hinterlistigen Grinsen. Diel musste lachen, versuchte sich aber schnell wieder zu beherrschen.

„Rede du nur blöd daher. Und du fall mir nicht in den Rücken!", schimpfte Aiden, während sie die alte Hauptstraße entlangliefen. Nach einer Weile kamen sie in der Altstadt an. Aiden und Osore gingen ins Stadtzentrum, um sich im lokalen Einkaufszentrum ihren Besorgungen zu widmen. Osore quatschte Aiden voll mit ihrer Einkaufsliste, dieser versuchte ihr zur erklären, dass es nicht seine Aufgabe sei, sich das alles zu merken. Diel verabschiedete sich von ihnen und machte sich auf den Weg zu einem Metzger am anderen Ende der Altstadt. Er musste für zu Hause Fleisch kaufen. Seine Eltern hatten nicht die Möglichkeit gehabt, etwas einzukaufen. Seit ihren neuen Jobs hat Diel sie kaum noch gesehen. Sie fangen erst nachmittags an zu arbeiten und kommen erst nachts wieder heim. Diels Mutter arbeitet als Ärztin auf der Notfallstation des lokalen Krankenhauses, sein Vater ist Geschäftsmann bei einem Großunternehmen. Das Alleinsein ist für Diel keine große Herausforderung. Zwar fühlt er sich etwas distanziert von seinen Eltern, doch sie hassen sich nicht. Er ist sogar ein bisschen froh darüber, etwas distanziert zu sein, früher haben seine Eltern ihn stets gefragt, ob alles in Ordnung sei, wie er sich fühlt. Diese Fragen wurden irgendwann zu schwer für ihn, sie zu beantworten. Er betrat das Geschäft und kaufte ein Kilo Hackfleisch.

„Jedes Mal, wenn du hier reinkommst, bestellste nur Hackfleisch, Junge! Hier, ick pack dir noch'n Hüftsteak mit ein, da soll mir doch eena erzählen, die Jugend wächst nur von Jehacktem", scherzte der Metzger. Lächelnd nahm Diel das Hüftsteak entgegen und bedankte sich. Er hatte kein Problem, mit dem Metzger zu reden. Er kam aus derselben Region wie seine Familie. Sie verstehen sich untereinander, im Gegensatz zu der lokalen Bevölkerung. Diel verließ das Geschäft und machte sich auf den Nachhauseweg. Er setzte die schwarze Kapuze seiner Jacke auf. Er fühlte sich sicherer unter der Kapuze, es war wie eine Art Schild für ihn. Er blockte die Blicke der Menschen vor seinem Sichtfeld ab; und sein Gesicht vor dem ihren.

Aus der Altstadt raus lief er einen Feldweg entlang. Dieser Weg dauerte zwar länger, um nach Hause zu kommen, doch er verlief entlang eines Flusses. Weit und breit gab es keine riesigen Gebäudeblöcke und auch die Menge an Menschen war reduziert. Diel fühlte sich hier ein wenig befreiter und offener. Er schaute über die breiten Felder. Raben setzten sich auf den Feldern nieder und suchten nach Fressbarem. Die Sonne prallte auf die Erde nieder. Diel schaute auf sein Handy, der Wetterbericht sagte, es seien heute 38 Grad. Langsam, aber sicher begann Diel unter seiner Jacke zu schwitzen. Zögerlich blieb er stehen, stellte seinen Rucksack ab und zog seine Jacke aus. Er stopfte sie in seinen Rucksack und lief weiter. Ein paar Meter entfernt stand ein Baum entlang des Weges, es war der einzige um Umkreis von hundert Metern. Darunter standen ein paar Bänke für Wanderer, aber ein paar Jugendliche hatten es sich dort bequem gemacht und spielten laut Musik. Diel ging weiter den Weg entlang. Er erkannte einige Bierflaschen auf dem Tisch, und als er genau an den Jugendlichen vorbeiging, wandte er seinen Blick von ihnen ab.

„Hey!", rief einer der Jugendlichen. Die Stimme hörte sich tief und rau an. Diel reagierte nicht darauf und versuchte weiterzulaufen.

„Schau, der ignoriert dich voll!", stichelte eine weibliche Stimme. Diel konnte hören, wie jemand anfing zu rennen. Noch immer drehte er sich nicht um. *Wenn ich mich jetzt umdrehe, gebe ich doch zu, den Ruf bewusst ignoriert zu haben.* Plötzlich schlug ihm jemand von hinten auf die Schulter. Diel drehte sich nervös um.

„Hey, hab ich gesagt. Nicht wirklich nett, jemanden zu ignorieren. Vor allem dann nicht, wenn man so eine spaßige Vergangenheit zusammen hatte", ein Junge mit dunkelbraunem Haar, braunen Augen und einer schwarzen Lederjacke stand vor Diel. In seinem Mund hing eine halberloschene Zigarette und er grinste Diel verlogen an. Seine Zähne waren leicht gelblich gefärbt. *Nicht du. Wieso du. Wieso bist du hier. Fuck. Weg. Ich will hier weg.*

„Sag bloß, du erkennst mich nicht? Das bricht mir jetzt aber das Herz, Diel!", sagte der Junge mit einem gemeinen Unterton.

„Doch Felis, ich erkenne dich. Entschuldige, ist schon sehr lange her", Diel versuchte mit einem aufgesetzten Lächeln seine Panik zu verbergen.

„Komm doch kurz zu uns. Ich stelle dich meinen Freunden vor." Felis packte Diels Arm und zog ihn mit grober Kraft in Richtung der Bänke unter dem Baum.

„Ich muss dringend nach Hause, Felis, tut mir leid. Ein anderes Mal vielleicht." Diel versuchte Felis' Kraft entgegenzuwirken, doch er konnte sich nicht dazu überwinden. *Mach keine Szene. Provozier ihn nicht. Bleib entspannt. Sobald er dich loslässt, gehst du einfach und entschuldigst dich, dass du nicht bleiben kannst.* Felis packte Diel und setzte ihn zwischen zwei weitere Personen auf einer Bank. Diels Rucksack stellte Felis vor ihm auf den Boden. Die eine Person zu seiner Rechten war ein Mädchen. Sie hatte kurzes pechschwarzes Haar und ein Nasenpiercing. Sie trug ebenfalls eine schwarze Lederjacke und ein graues T-Shirt mit der Aufschrift *Fuck or Get Fucked.* Zur Diels Linken saß ein etwas dickerer Junge. Er hatte ebenfalls schwarzes Haar und einen Vollbart, in dem sich noch Tropfen seines letzten Bieres ihren Weg durchbahnten. Er hatte eine zu klein geratene Trainingsjacke von Adidas an und eine Jogginghose.

„Was glotzt du so, hm? Schaut euch den mal an, ein richtig kleiner Dürrer ist das", spottete der dicke Junge. Diel war überrascht, die Stimme des Jungen war sehr hoch und hörte sich an, als käme sie von einer Maus.

„Ach, so dürr ist er jetzt auch nicht, aber die Haare sind echt beschissen. Blonder Emo-Haarschnitt. Ist Mama das Geld für den Friseur ausgegangen?", lachte das Mädchen. Diel lachte etwas verlogen. *Bitte Gott, lass mich gehen.* Hilflos schaute Diel umher. Eine ältere Dame, die mit ihrem Hund vorbeilief, blickte etwas misstrauisch hinüber. Diel schaute sie an, hoffend, dass sie vielleicht etwas sagen würde. Als sich ihre Blicke trafen, wandte sie sich ab und ging weiter.

„Freunde, Freunde! Bedrängt doch unseren Gast nicht. Das ist Diel. Wir zwei sind früher auf die gleiche Schule gegangen. Wir hatten damals viel Spaß zusammen, nicht wahr?", lachend kniete sich Felis vor Diel nieder und öffnete seinen Rucksack.

„Was machst du da?", fragte Diel nervös und versuchte seinen Rucksack zu greifen, doch die zwei Personen neben ihm hielten seine Arme.

„Ich will nur mal schauen, was du hier drin so versteckst", Felis nahm Diels schwarze Jacke aus dem Rucksack. „Das alte Dinge hast du noch? Versteckst du dich immer noch darunter und hoffst, dass dich keiner erkennt?", lachend schmiss Felis die Jacke zur Seite. Die anderen beiden lachten ebenfalls. „Ach Diel, was haben wir nicht schon alles erlebt? Willst du meinen zwei Freunden hier nicht mal ein paar Sachen erzählen?", Felis warf Diel ein finsteres Grinsen zu. *Sei still. Halt die Klappe. Ich will das nicht durchleben, ich habe das schon überlebt. Wieso muss ich das nochmal?* Diel senkte seinen Blick zu Boden.

„Komm schon, das ist doch blöd. Lass mich einfach gehen, ich muss wirklich los. Meine Eltern warten auf mich", protestierte Diel, ohne dabei Felis anzusehen.

„Ach, Mami und Papi warten? Wie alt bist du Diel? Neunzehn, oder? Ich glaube, deine Eltern kommen schon ohne dich zurecht. Oder gefällts dir bei uns nicht?" Felis durchkramte weiterhin Diels Rucksack. *Fuck, fuck, fuck, lasst mich gehen.* Wasser begann sich in seinen Augen zu sammeln. *Wehe, du fängst jetzt an zu weinen. Ich kann mich hier nicht blamieren. Reiß dich zusammen.*

„Na, erzählt doch mal, was habt ihr denn so Schönes zusammen erlebt?", fragte das Mädchen mit einem hinterlistigen Unterton, ihren Blick auf Diel fixiert.

„Oh, da gibt es so einiges. Sportunterricht war immer lustig. nicht wahr Diel?" Diel überkam ein unangenehmes Gefühl. Kalter Schweiß lief ihm den Rücken hinunter. „Ein paar Freunde und ich zogen Diel öfters Mal die Hose runter während des Sportsunterrichts. Nur die Sporthose natürlich. Aber einmal hatten wir ein Sportturnier, bei dem andere Klassen dabei zugeschaut haben, wie wir Badminton spielten. Und die Mädchen dort waren echt süß. Und da wollte ich unserem Diel hier helfen mal zu zeigen, was er so zu bieten hat. Also zog ich ihm bei seinem Anspiel alles hinunter. Tja, leider war niemand beeindruckt, und alle fingen an zu lachen, sogar unser Sportlehrer." Felis fing an kreischend zu lachen, die anderen beiden taten es ihm gleich. „Oder als wir damals immer gewettet haben, wer es schafft, dass Diel zuerst auf die Schnauze fliegt. Diel hat wirklich immer für Unterhaltung gesorgt. Aber nie werde ich vergessen, wie Jason uns erzählt hat, dass der gute Diel auf die Klassenhübscheste steht! Und wie sie dir am nächsten Tag sofort gesagt hat, so einen Ekel wie dich würde sie nicht einmal zum Schuheputzen anstellen!" Felis lag nun lachend am Boden.

„Boa, echt gemein, aber wenn du willst, darfst du gerne meine Schuhe putzen!", lachte das Mädchen und zeigte Diel ihre abgetragenen Turnschuhe. *Fickt euch. Halt die Klappe, Felis.*

„Der gute Jason", grinste der dicke Junge.

„Oh, Jason war sogar Diels bester Freund. Oder, na ja, einziger, wenn ich ehrlich bin. Aber na ja, man kann halt nicht wirklich mit jemandem befreundet sein, den niemand will. Gruppenarbeiten waren auch so eine Sache. Wie wir als Klasse immer versucht haben Gruppen zu bilden, sodass niemand mit Diel zusammenarbeiten musste. Warst du nicht meistens dann mit dem Lehrer zusammen?" Felis nahm das eingepackte Hüftsteak aus dem Rucksack.

„Oh, nicht weinen, mein Kleiner", rief das Mädchen, ohne wirklich zu versuchen ihr Lachen zu unterdrücken. Erschrocken fasste Diel in sein Gesicht. Tatsächlich, Tränen liefen sein Gesicht hinunter.

„Knallrot ist er auch. Einen richtigen Tomatenkopf hat er", lachte das dicke Mäuschen. *Verdammt. Hör auf zu weinen. Ich muss hier weg.*

„Vier Jahre Spaß, was gibt es da zu heulen, Diel? Das ist übrigens ein schönes Steak. Ich hatte noch nichts zu essen. Das kann ich sicher behalten, oder?" Diel nickte, ohne ein Wort zu sagen.

„Wie großzügig von dir", Felis packte das Hüftsteak auf die Seite und nahm das Hackfleisch aus dem Rucksack. „Ich glaube es wird langsam spät, Freunde. Diel muss bestimmt bald ins Bett." Mit einer Hand signalisierte Felis den anderen Diel loszulassen.

„Ja, leider", sagte Diel und versuchte dabei zu lächeln. Diel erhob sich von der Bank und auch Felis stand vom Boden auf, immer noch mit dem eingetüteten Hackfleisch in seiner Hand.

„Nicht so schnell, Diel. Dein T-Shirt ist ja nur schwarz. Echt schade. Früher hattest du immer welche an mit Winnie Puh und so. Das sieht mir so trostlos aus. Das muss ich ändern. Ist doch okay für dich, oder? Danach darfst du auch sofort nach Hause gehen, versprochen", grinste Felis ihn an. *Mach einfach und lass mich hier weg.* Diel nickte. Felis packte das Hackfleisch aus und klatschte es auf Diels T-Shirt. Fett und Blut liefen hinunter. Felis überreichte schadenfroh Diel seinen Rucksack und seine dreckige Jacke. Diel schaute weiterhin auf den Boden. Felis bückte sich ein wenig, um Diel in die Augen zu sehen.

„Bis zum nächsten Mal, Diel. Schön zu sehen, dass du noch weißt, wo dein Platz ist", flüsterte Felis ihm zu und signalisierte Diel mit einer Handbewegung, dass er jetzt gehen konnte. Diel lächelte Felis zum Abschied kurz entgegen und machte sich zügig auf den Weg nach Hause. Unterwegs musste er stets versuchen, nicht in Tränen auszubrechen.

Kapitel 3:
Das Monster namens Trauma

Diel öffnete die Haustür und ging rasch hinein. Er schloss die Tür und sank zu Boden, seinen Rucksack und seine Jacke fest mit seinen Armen umschlungen. Die Dämme brachen, er konnte es nicht mehr unterdrücken. Tränen stürzten wie eine Sintflut sein Gesicht hinunter, gefolgt von heftigem Schluchzen. Erinnerungen von damals schossen ihm durch den Kopf. Jedes einzelne Ereignis. Die Schandtaten, die seine Klassenkameraden mit ihm vier Jahre lang getrieben haben. Er fühlte die Angst von damals, die Verzweiflung von damals und die Hoffnungslosigkeit von damals. Er begann rapide zu zittern. *„Geht weg. Lasst mich in Ruhe! GEHT WEG!* Er stand auf und warf seinen Rucksack gegen die Wand. Er blickte auf seine staubige, dreckige, schwarze Jacke. *„Nicht einmal verstecken kann ich mich. Wieso tut man mir das an?* Diel fiel auf die Knie und drückte sein Gesicht in seine Jacke. Man hörte ein unterdrücktes Weinen und Schreien. *Ich will das nicht. Ich will nicht mehr ständig Angst haben. Ich will weg. Einfach nur wegrennen. Wegrennen vor diesen Gefühlen und Erinnerungen.* Er verharrte am Boden, weinend und verzweifelt. *Ich will das nicht fühlen.* Mit einem kräftigen Schwung, sein Gesicht immer noch in seine Jacke gedrückt, schmiss Diel sich gegen die Wand. *Geht weg.* Er schmiss sich erneut gegen die Wand. *Lasst mich doch einfach in Ruhe.* Und erneut. *Ich will nicht mehr.* Und erneut. *Hilfe.* Und erneut. *Es kommt eh niemand.* Und erneut. *Es kam nie jemand.* Und erneut.

Kapitel 4:
Down the Rabbit Hole

Es war dunkel geworden. Diel lag regungslos am Boden. In seinem Haus regte sich ebenfalls nichts. Es war ein großes Haus, das seine Eltern von vielen Jahren gekauft hatten. Inzwischen sah Diel seine Eltern kaum noch. Sie bekamen beide die Möglichkeit, eine Beförderung wahrzunehmen und arbeiteten nun den ganzen Tag. Nur wenn er sehr früh aus seinem Bett kroch, traf er seine Eltern, wie sie fast zeitgleich nach Hause kamen. Oder an Sonntagen, denn dort hatten sie immer frei. Haustiere gab es nicht. Vor langer Zeit, als Diel noch klein war, besaß seine Familie einen Hund. Doch seine Eltern mussten aufgrund besserer Jobs in dieses Haus ziehen und den Familienhund bei Verwandten lassen. Diel hatte nie verstanden, wieso sie ihn nicht mitgenommen haben. Doch er freute sich immer, ihn in den Ferien zu sehen. Er war für lange Zeit sein einziger Freund.

Diel stand langsam auf. Seine rechte Schulter schmerzte. Sorgsam versuchte er den Lichtschalter zu ertasten. Das Licht ging an und er lief mit einer unheimlichen Ruhe in Richtung Badezimmer. Dort angekommen starrte er eine Weile auf den Boden. Zögerlich hob er seinen Blick, um sich im Spiegel zu betrachten. Sein Gesicht war bleich, seine Augenlider geschwollen. *Sieh dich nur an.* Diel trat vorsichtig etwas näher an den Spiegel. Seine Augen waren gerötet, seine Augenringe schwärzer als sonst schon. *Schwach, erbärmlich.* Er schob den rechten Ärmel seines befleckten T-Shirts hoch. Seine Schulter sowie sein Oberarm waren vollkommen aufgeschürft. Getrocknetes Blut verzierte einen riesigen, dunklen, blau-gelblichen Fleck. *Es tut nicht mal so sehr weh, wie es sollte.* Sein Blick wanderte auf sein T-Shirt. Fett und Blut hatten sich komplett in das T-Shirt hineingesogen. Er zog sein T-Shirt aus, packte seine Jacke und ging in den Keller, Richtung Waschküche. Er schmiss sämtliche Kleider, die er trug, in die Waschmaschine. Danach ging er hinauf in sein Zimmer und streifte sich seinen Schlafanzug über. Langsam legte er sich in sein Bett und griff nach seinem Handy. Auf dem Bildschirm zeigte es eine Nachricht von Aiden an. „Hey, Diel, vergiss nicht meinen Hamster zu füttern! Hahaha", Diel las sie und reagierte mit einem Daumen nach oben, danach legte er sein Handy wieder zurück. Er starrte an die Decke. *Mir ist nach Heulen zumute. Doch ich fühle mich so leer. Was mache ich eigentlich? Ich bin so ein Versager. Das Leben bestraft mich. Habe ich was falsch gemacht? Natürlich, aber was? Wenn es einen Gott gibt, was habe ich getan? Was bete ich hier eigentlich. Es ist sinnlos. Gedemütigt, einsam und allein, so ist es. So soll es sein.* Diel fasste sich ins Gesicht. Tränen liefen ihm erneut hinunter. Doch das Schluchzen blieb weg. *Alle haben ihr Leben im Griff. Nur ich krieg es einfach nicht hin. In der Schule hackten sie alle auf mir rum. Und ich wehrte mich nicht. Sie haben mir schon damals gezeigt, wo mein Platz ist. Ich gehöre nicht zu den Normalen. Niemand möchte mich dabeihaben. Ich bin hässlich. Ich bin schwach. Ich will das nicht sein, aber was soll ich tun? Ich kann daran nichts ändern. Der Tod wäre, was ich verdiene. So scheint es mir gezeigt zu werden. Ich will nicht sterben. Ich will, dass mich jemand braucht. Ich möchte wissen, dass mir jemand zuhört. Dass mir jemand sagt, ich bin wichtig. Verdammt, wieso bin ich so scheiße.* Das Schluchzen begann erneut. Langsam kauerte sich Diel zusammen. *Ich will nicht sterben. Bin ich so nutzlos?* Seine Augenlider begannen sich langsam zu schließen. Die Müdigkeit sollte seine Sorgen fürs Erste auf die Seite schieben. *Will mich wirklich keiner? Es tut mir leid, was auch immer ich getan habe. Ich bin an allem schuld, ich weiß. Es tut mir leid. Es ist alles nur mein Fehler.* „Du bist nur, was sie aus dir gemacht haben." Diel war zu erschöpft, um zu erkennen, woher die Stimme kam. Er schlief ein.

ZWEITER AKT

Kapitel 5:
Ein Waldspaziergang

Diel lief einen abgelegenen Wanderweg entlang. Der Weg führte durch einen düsteren, unnatürlich stillen Wald. Nervös blickte er zurück, er wusste nicht mehr, wie lange er schon dem Pfad folgte, geschweige denn, wie lange er schon den Wald durchquerte. Der Weg bestand aus kleinen Kieselsteinen, Unkraut wuchs stetig weiter in den Pfad hinein. Die Bäume um Diel herum waren grau und trostlos. Sie wirkten tot, ja sogar abgebrannt. Das Licht, das sich anfangs nur schwerlich durch die Äste kämpfte, verschwand immer mehr. Diel setzte einen Schritt nach dem anderen. *Keine Panik. Ganz ruhig.* Diel bemerkte, dass sein Herzschlag immer stärker wurde. *Du kommst hier wieder raus. Einfach weitergehen. Alle Wege enden einmal.* Seine Atmung fiel immer schwerer. Er wandte seinen Blick suchend um sich herum nach irgendeinem Hinweis, der ihn hier hinausführen würde. Ein Schild, einen vorbeigehenden Wanderer oder das mögliche Ende des Waldes. Plötzlich hörte er ein Knacksen in der Ferne des Waldes, genau hinter ihm. Schnell drehte er sich um. Nichts.

„H...hallo?", stieß Diel zögerlich in die Dunkelheit des Waldes aus.

Keine Reaktion. In schnellen Schritten folgte Diel weiterhin dem Weg, den Blick stets für kurze Zeit nach hinten gerichtet. Da sah er sie, eine vergammelte Holzhütte, nur wenige Meter vor ihm, versteckt hinter Bäumen und Sträuchern. Er hörte aufgeregte Leute und Musik. *Hilfe, endlich.* Er ging zur Hütte und klopfte etwas nervös an der Tür. Keine Reaktion. *Sie haben mich wohl nicht gehört.* Diel klopfte dieses Mal etwas fester. Keine Reaktion. Diel wurde immer nervöser. Er hörte hinter ihm wieder ein Knacksen. Schnell drehte er sich um. Er kniff seine Augen zusammen und versuchte, irgendetwas in der Dunkelheit der Bäume zu erkennen. Nichts. Die Musik in der Hütte verstummte auf einmal. Diel überkam jetzt Panik. Er hämmerte auf die Tür ein und versuchte dabei den Ansturm von Tränen zu unterdrücken. Das Knacken hinter ihm wurde lauter. Es hörte sich an, als würde sich etwas an ihn ranschleichen. Diel hämmerte weiter auf die Tür ein und blickte nur noch nach hinten. Er konnte nichts erkennen.

„Hallo?! Ich brauche Hilfe!", panisch schrie er, in der Hoffnung, jemand würde ihn hören. Die Tür ging schlagartig auf. Diel drehte sich wieder zur Tür. Zu seinem Entsetzen stand Felis an der Tür.

„Na, wen haben wir denn da? Hast du dich verlaufen?", grinste Felis ihn an.

„J...ja, ich weiß nicht, wo ich hier bin. Kannst du mir sagen, wie ich wieder nach Hause komme?" *Bitte hilf mir einfach hier raus. Bitte sei einmal kein Arschloch.* Die Panik in Diel wurde immer größer. *Bitte lass mich nicht allein mit was auch immer hier draußen ist.*

„Natürlich helfe ich dir. Komm rein, Kumpel!" Felis bat ihn mit einer eleganten Handbewegung hereinzutreten. Diel sprang durch die Tür hinein in die Hütte. Felis schloss die Tür. Die Hütte bestand nur aus einem riesigen Raum. In diesem waren ein brennender Kamin, ein großes, grünes Sofa, einige Stühle und ein Tisch mit Bierflaschen darauf. Der Raum roch süßlich und doch brannte der Geruch ein wenig in der Nase.

„Komm, setz dich. Hier sind lauter Leute, die dich kennen. Also nur keine falsche Scheu." Mit einem leichten Stoß schickte Felis Diel weiter in den Raum hinein. Diel erkannte vier weitere Leute in dem Raum. Eine Person stand mit dem Gesicht zum Kamin, die anderen drei saßen auf dem Sofa. Es waren das Mädchen und der dicke Junge von der Bank und, zu Diels Entsetzen, Aiden.

„Ah, Diel. Echt krass, dass du dich mal aus deinem Haus traust. Bier?", Aiden demonstrierte ihm eine Bierflasche in seiner Hand.

„Nein, danke. Seit wann trinkst du denn?", fragte Diel verwundert.

„Oh, ihr kennt euch?", fragte das Mädchen erstaunt.

„Ja, wir sind Freunde", sagte Diel.

„Also so weit würde ich jetzt nicht gerade gehen", lachte Aiden, „Wir gehen zusammen zur Schule. Das ist aber auch alles." Diel verspürte ein seltsames, drückendes Gefühl in seiner Brust, so als hätte jemand einen stumpfen Pfeil in seine Brust geschossen.

„Ja, mit Diel befreundet zu sein, ist unmöglich. Er ist so eine Nervensäge und wenn du mal ein bisschen Spaß haben willst ohne ihn, fängt er gleich an zu heulen." Die Person am Kamin drehte sich langsam um. Sie hatte kahlgeschorene Haare, ein fieses Lächeln auf dem Gesicht und trug ein Tanktop und eine kurze Hose. *Jason.* Diel fühlte sich stark unwohl. Er wollte hier weg. Er drehte sich in Richtung Tür, bei der Felis noch immer stand. Da erkannte er eine weitere Figur in der Ecke der Hütte sitzend. Sie erhob sich und ging zu Felis hinüber, während sie Diel einen kurzen Blick zuwarf.

„Hey, Diel." Es war Osore. „Ich wusste gar nicht, dass ihr befreundet seid?" Osore warf ihren Arm um Felis und gab ihm einen Kuss.

„Sind wir auch nicht. Er hat sich nur verlaufen." Felis packte Osore an der Hüfte und drückte sie näher an sich heran. *Was passiert hier?* Diels Blick wanderte augenblicklich auf den Boden. Er war entsetzt, geschockt, aber vor allem war er komplett überfordert. Die Situation, seine Gefühle und seine Gedanken. Sie alle machten ihn fertig. *Ich habe Osore verloren. Und Aiden ist nicht mein Freund? Was ist das für ein Schicksalsschlag?*

„Könnt ihr mir einfach sagen, wie ich nach Hause komme?" Diel hielt seinen Blick immer noch zu Boden. Alle fingen an zu lachen.

„Oh, natürlich, der Kleine will nach Hause!", lachte Aiden.

„Die alte Spaßbremse. Hättest ihn gar nicht erst reinholen müssen, Felis!", beschwerte sich Jason.

„Aber er sah so süß und hilflos aus da draußen", schmunzelte Felis. Das Gelächter wurde immer lauter.

„Hey, wisst ihr eigentlich, dass der Kerl schon seit einem Jahr auf Osore steht, aber noch nie was probiert hat? Das nenn ich mal schwach!", Aiden klopfte sich aufs Knie und versuchte nicht zu stark zu lachen. Ein kalter Schauer lief Diel über den Rücken. Felis schaute zu Osore und küsste sie nochmals, doch dieses Mal länger. Danach fragte er sie, was sie dazu meint.

„Ey, sorry aber niemals. Ich meine, er ist nett, aber schaut ihn euch mal an." Ein unterdrücktes Kichern entwich Osore. Diel fing an zu zittern. *Was ist los? War ich die Jahre über geblendet? Ich hatte keine zwei Freunde die letzten paar Jahre? Wieso? Ich dachte, ich könnte jemandem vertrauen. Ich dachte, ihr wärt anders. Ich war froh bei euch, ich brauche euch.*

„Ich kann mich verändern. Dann wäre ich doch fähig ... Was muss ich tun?" Diel schaute auf. Verzweifelt und hilfesuchend wandte er sich an jedes Gesicht in dem Raum. Das Lachen verstummte. Jason ging langsam auf Diel zu.

„Egal, was du tust, du wirst immer ein schwacher, kleiner Depp bleiben. Du kannst so viele Muskeln aufbauen, wie du willst, so viel operieren, wie du möchtest, das wird nichts ändern. Und weißt du, wieso?" Jason packte Diel an den Schultern und drehte ihn so, dass sie nun Angesicht zu Angesicht standen. Jason war rund zwei Köpfe größer als Diel, also hob er Diel leicht in die Luft. „Tief in dir drin wirst du immer du bleiben. Und dieses Du hassen einfach alle. Das kannst du nicht verstecken. Dich wird nie jemand mögen, einfach weil du du bist", grinste Jason ihn an. Diel schossen die Tränen nun aus den Augen.

„Schau, er heult wieder!", rief der dicke Junge auf dem Sofa aufgeregt.

„Felis, mach die Tür auf", verlangte Jason. Felis öffnete die Tür. Mit einem gewaltigen Ruck schmiss Jason Diel aus der Hütte. Diel landete hart auf dem Kiesweg. Aufgeregt rannten die anderen ebenfalls aus der Hütte. Jason lief auf Diel zu.

„Wird Zeit, dir mal wirklich klarzumachen, was man wirklich von dir hält." Jason kickte Diel ins Gesicht. Diel spuckte eine rote Flüssigkeit aus. Er blutete und seine Nase schmerzte. Jason trat erneut zu, doch dieses Mal in Diels Bauch. Diel krümmte sich vor Schmerzen.

„Hey, Jason, ganz ruhig!" Felis kam rüber. „Ich will auch mal." Felis stand auf der anderen Seite von Jason und starrte Diel an. „Das ist dafür, dass du die Stimmung ruiniert hast." Ein gewaltiger Schlag traf Diel am Rücken. Von der anderen Seite trat Jason wieder zu. Diel erkannte nur unter Tränen, wie die anderen zuschauten. Aiden feuerte die beiden an. Diel versuchte sich unter Schmerzen zu drehen und seinen Blick von den anderen abzuwenden. Die Schmerzen fingen an, sich in nichts zu verwandeln. *Das hab ich also verdient.* Das Gelächter und die Tritte verblassten langsam und er schloss die Augen. *Dann sterbe ich halt.* Da hörte Diel wieder ein Knacken, genau vor ihm. Er öffnete die Augen. Genau wenige Meter vor ihm, hinter einem Baum, saß eine schwarze Figur. Zusammengekauert umschlang sie mit dünnen Armen den kahlen, grauen Baumstumpf. Langsam schob die Kreatur ihren Kopf hervor. Große, rote Augen schauten Diel direkt an. Es fing an zu grinsen. Sein Grinsen wurde immer breiter und seine Augen immer größer. Diel erwachte schweißgebadet.

Kapitel 6:
Ein Hamsterleben

Diel schaute auf seinen Wecker. Es war Samstag, dreizehn Uhr. Er fühlte sich erschlagen und erschöpft. *Ich will nicht aufstehen.* Er drehte sich ein paar Mal im Bett und versuchte wieder einzuschlafen. *Aiden und Osore sind seit drei Stunden schon unterwegs zu ihrem Shuttlebus. Haben sie mir geschrieben?* Diel nahm sein Handy in die Hand. Nichts. *Soll ich ihnen schreiben?* Diel starrte auf sein Handy. Er tippte auf das Profilbild der Gruppe, die er und seine zwei Freunde vor zwei Jahren erstellten. Dort waren sie drei zusehen, wie sie in der Mittagspause alle an ihrem Stammplatz saßen. Osore hatte das Bild gemacht. Es war die dritte Schulwoche im ersten Jahr an der neuen Schule.

Diel war in den ersten Tagen sehr nervös. Er versuchte so wenig wie möglich aufzufallen und niemandem zu sehr auf die Nerven zu gehen. Dies sorgte auch dafür, dass die meisten ihm aus dem Weg gingen. *Ich war lieber zu uninteressant, um gewertet zu werden, als zu komisch, um angestarrt zu werden.* Aiden allerdings war, wie er selbst später Diel gegenüber zugab, sehr interessiert ihn kennenzulernen. Aiden war vom ersten Tag an sehr selbstbewusst und ließ alle in der Klasse wissen, dass er für jeden Spaß zu haben ist. Ihm fiel auf, dass Diel sich eher zurückhielt, sich aber durchaus für Dinge, die ihn interessieren, zu begeistern weiß.

„Du siehst dann aus, als würdest du vor Wörtern platzen, aber jemand hat deinen Mund mit Kleber zu gekleistert", sagte Aiden ihm. Aiden setzte sich zu Diel, als dieser allein in der Mittagspause an einem Tisch saß. Er fing an sich bei Diel über die Menge an Hausaufgaben zu beschweren. Diel war vollkommen überfordert. Er hatte nicht damit gerechnet, Small Talk zu führen.

„Oh entschuldige, ich wollte dich mit meinem Gelaber nicht überfallen", grinste Aiden ihn an.

„S-schon gut", lächelte Diel. „Ich hatte nur nicht erwartet, dass sich jemand zu mir setzt."

„Du bist Diel, oder? Ich bin Aiden." Aiden streckte Diel die Hand entgegen. Diel versuchte ihm die Hand zu geben, doch Aiden zog sie schnell über seinen Kopf. „Zu langsam!", lachte Aiden. Diel fühlte sich ein wenig betrogen und wandte kurz seinen Blick von Aiden ab. „Mann." Aiden packte seine Hand auf Diels Schulter. „Das war ein Scherz." Diel schaute Aiden an. Er wurde von einem warmen, freundlichen Lächeln begrüßt. Diel zögerte zunächst, doch dann:

„Hat dir schonmal jemand gesagt, dass du die größten Schneidezähne der Welt hast? Du würdest sogar Bugs Bunny neidisch machen", sagte Diel mit einer monotonen Stimme und schaute Aiden neugierig an. Aiden schaute etwas verdutzt. „Mann, das war ein Scherz", grinste Diel unaufrichtig. *Habe ich es vermasselt?* Aiden fing an zu lachen. Das war der Anfang ihrer Freundschaft.

Damals dachte ich, ich könnte neu anfangen. Dass das Schlimmste vorbei sei und ich heil raus bin. Doch jetzt holt es mich ein. Alles war nur eine Lüge, ich war nie gut dran, ich habe mich nur versteckt und mir eingeredet, alles sei in Ordnung. Ich hätte mich ändern müssen, doch dachte, ich könnte so bleiben, wie ich bin. Ich müsste mich nur unauffälliger verhalten. Er vergrößerte das Profilbild ein wenig. Osore stand ganz vorne im Bild und hielt die Kamera weit nach oben. Man sah Diel auf der Bank sitzen, während er sich auf dem langen Tisch mit den Ellenbogen abstützte. Aiden saß neben ihm und umarmte Diel mit einem Arm, den anderen hielt er nach oben und zeigte mit seiner Hand das Peace-Zeichen. Sie lächelten alle, sogar Diel. *Wenn sie wüssten, wie ich wirklich bin, wenn sie wüssten, wie schwach und zerbrechlich ich wirklich bin, würden sie immer noch bei mir bleiben? Oder würden sie sich abwenden, so wie alle anderen auch?* Diel schaltete sein Handy aus und schloss wieder die Augen. Er wälzte sich noch eine ganze Weile hin und her. Als er die Augen wieder öffnete und auf seinen Wecker schaute war es inzwischen schon halb fünf. *Aidens Hamster.* Langsam stieg Diel aus seinem Bett. Er zog sich an und öffnete seine Zimmertür. Sein Rucksack fiel in sein Zimmer, ein Zettel hing dran. „Lass bitte deine Sachen nicht einfach so im Haus liegen – Mom", stand auf dem Zettel. Diel schob seinen Rucksack bei Seite und ging die Treppe hinunter. *Ich sollte Frühstücken, bevor ich gehe.* Diel schaute zum Kühlschrank, doch er verspürte keinen Hunger. *Ich kann auch später noch was essen.* Er ging aus der Tür in Richtung Bushaltestelle, sie war nur ein paar Minuten entfernt. Aidens Haus war nur zwei Dörfer weiter, mit dem Bus fuhr Diel ungefähr fünfzehn Minuten. Dieser fuhr jede halbe Stunde. Schlagartig blieb Diel stehen. Er hatte vergessen eine Jacke anzuziehen. Diel schaute auf sein Handy. *Der Bus fährt in fünf Minuten. Das schaffe ich.* Diel rannte ins Haus zurück. Dort hingen seine rote und seine weiße Jacke. *Rot ist zu auffällig.* Diel nahm seine weiße Jacke und rannte zur Bushaltestelle. Er fühlte sich unter Druck gesetzt. An der Haltestelle angekommen musste er noch ein paar Minuten warten, bis der Bus kam. Er stieg ein setzte sich auf den ersten freien Zweierplatz, den er sah. Er setzte seine Bluetooth-Kopfhörer auf und blickte aus dem Fenster. Ein paar Stationen weiter stieg ein älterer Herr ein. Er lief auf den freien Platz neben Diel zu.

„Ist hier noch frei?", fragte er freundlich und zeigte auf den freien Platz. Diel nickte freundlich.

„Es gibt genug andere Plätze, du Penner." Diel schaute erschrocken und verwundert um sich herum.

„Alles in Ordnung?", fragte der ältere Mann. Diel nahm seine Kopfhörer ab.

„Ja, ich dachte … ja, entschuldigen Sie, alles gut. Ich dachte nur, es krabbelt eine Spinne hinter mir herum", lächelte Diel.

„Nein, sieht nicht so aus", lächelte ihm der Mann entgegen.

„Das sehen wir selbst, Idiot." Diel suchte unauffällig die sprechende Person. Doch der ältere Herr machte keine Anzeichen dafür, die Person ebenfalls gehört zu haben. Die nächste Station war für Diel.

Diel musste noch ein paar Minuten zu Aidens Haus laufen. Er setzte seine Kopfhörer wieder auf. Sie spielten keine Musik. Aber es fiel ihm leichter so zu tun, als würde er die Leute nicht hören, wenn sie versuchten mit ihm zu sprechen. Diel starrte während des gesamten Weges auf den Boden. Er dachte über seinen Traum nach, darüber, wie sinnlos alles zu sein scheint. *Wenn ich hier keinen habe, der mich will, was tu ich dann? Wenn ich mich nicht ändern kann, was bleibt mir dann noch übrig zu tun? Ich will nicht allein sein. Nicht schon wieder.* Diel zückte sein Handy und ging auf den Gruppenchat. Er schrieb: „Und seid ihr gut angekommen? Ist ganz schön trostlos hier ohne euch." Die Nachricht bekamen beide sofort. Diel schaute nach, ob sie vielleicht sogar schon gelesen wurde. Und tatsächlich hatte Osore die Nachricht gelesen. Diel schaute gespannt auf seinen Bildschirm. Ein bisschen Freude machte sich in seinem Körper breit. Er hoffte, dass eventuell all seine negativen Gedanken durch ein paar warme Worte einer guten Freundin verschwinden würden. Er fing an zu lächeln. Seine gedrückte Stimmung verschwand. Nichts passierte.

Diel stand jetzt vor Aidens Haus. Es war ein großes blaues Haus. Er lief die kleine Treppe hinauf, die zur Eingangstür führte. Langsam hob er die Fußmatte mit der Aufschrift „Welcome" vom Boden und nahm den versteckten Schlüssel in die Hand und öffnete die Tür. Immer wieder schaute er auf sein Handy, doch seine ersehnte Antwort blieb aus. Langsam kroch die niedergeschlagene, gedrückte Stimmung wieder in Diels Kopf und stieß die Freude und Hoffnung von ihrem erkämpften Platz. Diel ging sofort die Treppe hinauf und direkt in Aidens Zimmer. Sein Zimmer war doppelt so groß wie das von Diel. Es war komplett grün gestrichen und mit verschiedenen Postern von Hollywoodfilmen beklebt, wie *Predator*, *Scream* und *Fast and Furious*. Sein Zimmer wurde dank des riesigen Fensters gegenüber der Tür komplett durch die Sonne ausgeleuchtet. Es ging ein angenehmes Gefühl von diesem Raum aus. Diel wirkte recht desinteressiert. *Er kann seine Hobbys und Interessen ohne Bedenken teilen. Er schafft das. Ihm tut niemand etwas zu Leide.* Zu seiner Rechten befand sich ein kleines Regal, auf dem ein Käfig stand. Diel ging zum Käfig hinüber und öffnete die oberste Schublade des Regals. Er nahm die Packung Hamsterfutter heraus. Auf der Packung hing ein Zettel auf dem stand: „Danke nochmals!" Diel nahm den Zettel und warf ihn in den Mülleimer neben dem Regal. Er öffnete den Käfig und nahm eine kleine Porzellanschale heraus und füllte sie mit dem Futter. *Das sollte für zwei Tage reichen.* Er legte die Schale wieder zurück in den Käfig. Danach begutachtete er den Käfig. Er war gefüllt mit Holzspänen. Auf der rechten Seite stand ein kleines Laufrad, auf der linken ein kleines hölzernes Haus. Neben dem Haus stand eine Wasserflasche für Nagetiere. Diel nahm diese aus dem Käfig und ging mit ihr ins Badezimmer. Er entleerte ihren Inhalt und füllte frisches Wasser nach. Anschließend ging er wieder zurück zum Käfig. Er erkannte, dass sich der Boden bewegte. Wenige Sekunden später guckte ein kleines, graues Köpfchen aus dem Boden. Große, schwarze Glubschaugen schauten Diel an.

„Hey, Kleiner. Hab ich dich geweckt? Ich bin auch erst seit ein paar Stunden wach", lächelte Diel. Der kleine Hamster, nicht einmal so groß wie Diels Hand, kroch aus der Erde raus und erkundete seinen nun aufgefüllten Futternapf. „Lass es dir schmecken, ich komme in zwei Tagen wieder und verpflege dich erneut." Diel schloss den Käfig und schaute dem kleinen Geschöpf noch ein wenig zu, wie es seine Backen mit dem Futter stopfte. *Ein unbeschwertes Leben, das er führt. Wird jeden Tag gepflegt und erfreut beobachtet. Er hört wahrscheinlich jeden Tag, wie niedlich seine großen Glubschaugen sind. Doch er interessiert sich nicht dafür, was andere über ihn sagen. Er verurteilt andere nicht. Er lebt einfach sein Leben und macht, was er will. Und wenn du ihn nicht umherschubst und gut behandelst, lässt sich eine enge Beziehung aufbauen. Eine, die beide niemals brechen werden, bis zum Tod. Es vertrauen sich beide gegenseitig, ja das Tier vertraut dir unter Umständen sogar mehr. Es versteht diese Welt nicht wie du, es schaut zu dir auf. Und du musst dieses hilflose Wesen beschützen. Für dieses Wesen da sein, da es ohne dich verloren ist. Es ist für uns selbstverständlich, unserem Haustier, sei es Hamster oder Hund, beizu-*

stehen und es in Notlagen zu unterstützen. *Aber nicht nur, weil wir meinen, sie seien ohne uns hilflos. Nein, wir tun es vor allem, weil sie uns wichtig sind.*

„Dann sieht es so aus, als wärst du deinen Freunden nichts wert." Diel schaute erschrocken um sich. Schon wieder diese tiefe, düstere Stimme.

„Hallo?" Diel ballte seine Fäuste. *Verfolgt der mich? Ist er mir hinterhergelaufen?*

„*Nein, nicht wirklich.*" Diel drehte seinen Kopf von links nach rechts. Es hörte sich an, als stünde die Person genau neben ihm. Aber wo? *Was zum Teufel ist hier los? Träume ich schon wieder?*

„*Nein, du bist hellwach.*"

Kann er meine Gedanken lesen?

„*Ich kann sie hören.*"

Nein, nein, nein. Ich drehe durch.

„*Nein, alles okay. Ich bin ein Freund.*" Diel ging aus dem Zimmer hinaus, in Richtung Haustür. Er ging hinaus und schloss ab. Danach machte er sich zügig auf zur Bushaltestelle.

„*Gehen wir schon?*", Diel reagierte nicht. „*Ignorierst du mich?*"

Das ist Stress. Ich muss nach Hause und mich ausruhen. Ganz ruhig. Dreh nicht durch. Werd nicht verrückt. Das ist das Letzte, was du jetzt brauchen kannst. Diel setzte seine Kopfhörer auf und spielte Musik ab.

„*Du kannst mich mit Musik nicht ausblenden.*" Diel drehte die Musik lauter. „*So funktioniert das nicht*", erwiderte die Stimme gelassen. Diel ging auf volle Lautstärke. Er wartete auf den Bus und stieg ein. Die Stimme war verschwunden. *Was passiert hier?*

Kapitel 7:
Pinocchio und Jiminy Grille

Diel lag lustlos auf seinem Bett. Es war inzwischen schon halb sechs. *Ich bin müde. Ich fühle mich erschöpft. Nein. Tot trifft es eher.* Er trug noch immer seine Jacke und hatte noch immer seine Kopfhörer. Diel starrte an seine hölzerne Decke hinauf. Unter seinen Augen hatten sich große, tiefschwarze Augenringe herausgebildet. *Ich bin so müde.* Er schloss die Augen. Die Musik schallte immer noch mit voller Lautstärke in seine Ohren. In der Dunkelheit, die er jetzt sah, schienen sich verschiedene Farben zum Rhythmus des Liedes zu bewegen. Sie nahmen verschiedene Formen an und Diel versuchte zu erkennen, um was es sich handelte. *Ein gelber Fluss. Weiße Sterne, vielleicht auch Schnee, der langsam hinuntergleitet.* Die Harmonie des Liedes versprach entspannende und beruhigende Klänge. Die Farben wechselten ruhig und gleichsam ihre Formen. *Ein grüner Hintergrund. Ein lila Menschlein. Ein orangefarbener, umherspringender Hamster. Ein blaues Haus.* Diel vernahm ein leises Piepsen. Das Zeichen, dass seine Kopfhörer gleich den Geist aufgeben würden. Die Farben fingen an, etwas dunkler zu werden. *Ein Vogel. Ein Baum. Eine Bank.* Mit einem letzten Piepsen verabschiedeten sich Diels Kopfhörer. Es war nun totenstill. Die Farben schwankten noch ein wenig ziellos durch die Gegend, bis sie anfingen zu verblassen. Diel öffnete die Augen und starrte wieder an die Decke. *Was wäre, wenn sie einstürzte? Mich unter sich begräbt? Mich und damit all meine Sorgen.* Er nahm seine Kopfhörer ab und legte sie auf seinen Nachttisch. Sein Handy lag ebenfalls dort. Er zögerte zunächst, doch nahm es dann in die Hand und ging auf den Gruppenchat. *Beide haben es gelesen. Doch keiner hat geantwortet.* Die innere Leere füllte sich mit Sorge. *Ignorieren sie mich? Wieso? Sei-*

ne Augen begannen wieder sich zu wässern. *Jetzt heul doch nicht wieder.* Er rieb sich die Augen. Dann starrte er auf seine rechte Schulter. Er zog seine weiße Jacke aus und zog den Ärmel seines T-Shirts hinauf. Noch immer war seine Schulter durch einen nun mehr gelblich als blau gefärbten Fleck bedeckt. Er drückte auf die Stelle. *Es tut weh. Aber irgendwie auch nicht. Der Schmerz ist mir egal.* Er hob seinen Blick und starrte in Richtung seines Schreibtisches aus dem halb offenen Fenster seines Zimmers. Er vernahm ein Grillenzirpen. Er stand auf und ging langsam auf das Fenster zu. Vor dem Fenster stand ein alter Baum. Er war von Pilzen nur so befallen. Diels Vater sagte einst, der Baum müsse weg, bevor er auf ihr Haus krachen würde. *Er macht nicht mehr lang, hat er gesagt. Wir würden dem Baum einen Gefallen tun, wenn wir ihn von seinem Leid erlösen.* Auf seinem Schreibtisch erkannte er eine silberne Bastelschere. *Ein Schnitt und der Baum ist weg. Er hat dann nichts mehr, was ihn plagt. Kann ich das auch?* Er streckte seine Hand aus und schloss das Fenster. Danach ging er wieder auf sein Bett zu. *Nicht heute. Noch nicht.*

„Gar nicht."

Diel blieb stehen. Schon wieder diese Stimme.

Du bist nicht echt.

„Ich bin echt."

Ich bin nur müde.

„Du hast ein Problem."

Ich bin das Problem.

„Nein."

Diel legte sich wieder in sein Bett und schloss die Augen.

„Siehst du mich?"

Sei still.

„Schau her."

Diel vernahm ein leises Summen. Es war die Melodie des Liedes, das er vorhin gehört hatte. Wieder sah er die verschiedenen Farben. Doch dieses Mal nahmen sie keine Formen an, sie schwankten einfach nur umher.

„Siehst du mich?"

Diel antwortete nicht.

„Schau her. Sieh mich an. Siehst du mich?"
Nein.
„Schau her."
Wohin?
„Hier drüben."
Ich sehe nichts.
„Schau genauer hin. Siehst du mich?"
Diel versuchte durch die einzelnen Farben hindurchzublicken. Die Farben wurden immer dichter. Wie in einem dicht bewucherten Dschungel versuchte sich Diel mit einer Machete durchzuschlagen.
„Folge meiner Stimme. Siehst du mich?"
Diel versuchte sich zu konzentrieren. Er versuchte dem Summen der Melodie zu folgen. Die Farben wurden blasser.
„Mach weiter. Siehst du mich?"
Warte.
Die Farben waren nun fast verschwunden und ein großer, schwarzer Hintergrund wurde sichtbar.
Ich sehe gar nichts. Du bist nichts. Du bist nervig und lässt mich jetzt in Ruhe. Nur Schlaf, das ist alles, was ich brauche.
„Siehst du mich?"
Nein!
„Ich sehe dich."
Diel überkam ein unwohles Gefühl. Er hatte Angst, aber irgendwas an dieser Sache fand er auch interessant. Und dieses Etwas verhinderte, dass er seine Augen öffnen wollte.
Wo bist du?
„Siehst du mich?"
Nein.
Diel drückte seine Augen fester zusammen, in der Hoffnung, es würde helfen. Da hörte er ein Knacksen hinter sich. Er sprang vor Schreck vom Bett und riss seine Augen auf. Er schaute sich in seinem Zimmer um. Nichts. Selbst das Summen war verschwunden. *Was mache ich hier eigentlich? Das ist doch verrückt. Bin ich jetzt auch noch durchgeknallt? Das ist nicht echt. Verdammt, das ist nicht echt. Ich will das nicht.* Diel ballte seine Fäuste. *Ich will das nicht.*

„*Siehst du mich?*"

„Nein, verdammt!", mit einem gewaltigen Ruck schlug Diel auf seine Zimmerwand ein. „Ich sehe dich nicht! Ich weiß nicht, wo du bist! Lass mich in Ruhe! Hau ab! Sei still!", er sackte schluchzend zu Boden. „Lass mich allein wie die anderen auch."

„*Du meinst, dich im Stich lassen?*"

Ja.

Diel fühlte sich übermannt von Hass, Trauer und Verzweiflung.

„*Ich bin nicht wie die anderen.*"

„Du bist nicht echt."

„*Ich bin immer da.*"

„Was willst du?"

„*Ich will dir helfen.*"

„Ich bin verloren. Mir will niemand helfen. Mir kann niemand helfen."

Es war still. Die Sonnenstrahlen, die in Diels Zimmer eintraten, begannen stetig zu verschwinden. Sein Zimmer verdunkelte sich. *Das ist doch bescheuert. Ich heule hier und rede mit mir selber.* Diel kroch langsam und schleppend wieder zurück zu seinem Bett. Er legte sich hinein und schloss die Augen. *Ich will doch nur schlafen. Ist mir das verwehrt? Bin ich etwa so wenig wert, dass das Leben mich auch noch dafür bestrafen will?*

„*Siehst du mich?*"

Ich sehe nichts. Bitte lass mich.

„*Ich kann dir helfen.*"

Wie willst du mir helfen?

„*Willst du sterben?*"

Diel war überrascht. Wollte er sterben? Wie beantwortet man so eine Frage?

Ich will ein Leben haben, das ich nicht in Angst und Zurückhaltung führen muss. Ein Leben, in dem man mir sagt, dass ich Bedeutung habe. Ein Leben, in der ich eine Beziehung haben kann, Freunde, die für mich da sind. Wo ich mich nicht zu verstecken brauche. Wo ich nicht für meine Fehler, mein Aussehen und mein Dasein bestraft werde. Ich will so ein Leben. Wieso darf ich das nicht? Was habe ich getan? Ich will nichts Besonderes. Ich will doch nur normal sein, dazugehören. Wieso geht das nicht? Ich will ein Leben, das auch die anderen führen.

„*Hast du so ein Leben?*"

„Nein", sagte Diel unter Tränen.

„*Willst du sterben?*"

„Ja", Diel drückte sein Kissen fest an sein Gesicht. Diese Stimme hatte anhand einer Frage alles von ihm bekommen, was ihn bedrückt. Alles, was ihn beschäftigt. *Wieso kann niemand mir diese Frage wirklich stellen? Will ich sterben? Ja, verdammt. Ich habe es nicht verdient. Meine Wünsche sind nichts wert. Ich bin nichts wert.*

„*Ich helfe dir.*"

Wie willst du mir helfen?

„*Ich bringe dich in Ordnung.*"

Wie willst du das anstellen?

„*Ich weiß, was du brauchst.*"

Woher?

„*Vertraue mir.*"

Woher willst du wissen, wie man mir helfen kann?

„*Ich bin deine innere Stimme.*"

Diel öffnete langsam und kräfteraubend seine Augen. Ein großes Grinsen und zwei blutrote Augen begrüßten ihn in der Dunkelheit seines Zimmers.

„*Jetzt siehst du mich.*"

Kapitel 8:
Des Teufels Abmachung

Diel wurde von einem starken Gerüttel geweckt. Erschöpft öffnete er seine Augen.

„Aufstehen, Schatz, jetzt aber wirklich." Seine Mutter stand neben seinem Bett und schaute ihn vorwurfsvoll an.

„Gib mir noch fünf Minuten, Mom." Diel drehte sich auf die Seite und versuchte wieder einzuschlafen.

„Kannst du vergessen. Hast du mal auf die Uhr geschaut? Wie siehst du überhaupt aus? Schläfst hier mit deinen Alltagsklamotten und bist kreidebleich! Wie lange waren wir denn bitte wach?"

„Wieso?" Diel griff nach seinem Handy. 11:24 Uhr.

„Jetzt komm, geh duschen, dich anziehen und dann fahren wir Mittagessen. Du hast dreißig Minuten!", rief sie Diel in einem leicht sarkastischen Unterton zu, als sie sein Zimmer verließ. Diel saß auf und rieb sich die Augen. *Wie lange habe ich denn geschlafen? Und trotzdem fühle ich mich hundemüde.* Mühsam schob er sich von seinem Bett und lief zu seinem Kleiderschrank. Er nahm sich ein paar Sachen und ging zum Badezimmer. Er wollte gerade die Tür öffnen, als sein Vater aus der Tür hinaustrat. Er hatte einen schicken Anzug an und trug eine Brille. Seine braunen Haare waren auf die Seite gekämmt.

„Diel! Mein Gott, er ist erwacht", scherzte sein Vater.

„Ja, eher geweckt worden", gab Diel mit einem schwachen Lächeln zurück.

„Jetzt aber schnell. Und zieh dir bitte etwas Ordentliches an. Wir gehen in so einen noblen Schuppen, den deine Mutter ausgesucht hat", sagte sein Vater und schaute misstrauisch auf die Klamotten, die Diel in seinen Armen hielt.

„Ich habe nichts Ordentliches", antwortete Diel gleichgültig.

„Dann gebe ich dir ein paar Sachen von mir, aber jetzt spring unter die Dusche. Deine Haare sehen ja schrecklich aus", sagte sein Vater, während er ihm durch die Haare wischte.

„Deine aber auch", gab Diel zurück.

„Nicht frech werden." Sein Vater machte daraufhin Platz für Diel. Diel ging ins Badezimmer und verschloss die Tür. Er zog sich aus und stellte sich unter die Dusche. Das Wasser kam ihm eiskalt vor. Er stellte es wärmer und wärmer. Als er fertig war und aus der Dusche hinaustrat, war der Badezimmerspiegel komplett beschlagen. Er rieb eine Stelle frei und betrachtete sich. Sein Körper war bleich und eher kümmerlich. Er hatte es nie für nötig empfunden zu trainieren. Jegliche Änderung, sei es seine Frisur oder seine Kleider, waren immer mit Sarkasmus und neuen Sticheleien kommentiert worden. *Was bringt es da mich zu verändern?* Er trat näher an den Spiegel und warf einen genaueren Blick auf sein Gesicht. *Meine Augenringe sind schlimm. So schwarz hatte ich sie noch nie gesehen. Sind sie schwärzer geworden oder ich blasser?* Danach schaute er auf seine Schulter. *Ich habe nichts beim Duschen gespürt.* Seine Schulter war inzwischen kaum noch blau, dafür komplett gelb. *Sieh dich Versager nur an. Eine wandelnde Leiche. Mickrig. Schwach. Verwundbar. Allein.* Diel weitete seine Augen. Huschte da nicht eben hinter ihm im Spiegel ein schwarzer Schatten vorbei? Er drehte sich um. Nichts.

„Du bist nicht allein."

Du schon wieder. Diel drehte sich zurück zum Spiegel.

„Du bist nicht allein."

Du bist bei mir?

„Ja, ich bin immer bei dir."

Diel zeichnete auf eine beschlagene Stelle des Spiegels zwei große Punkte.

Du hast gesagt, du willst mir helfen. Wie?

„Sieh dich an. Was siehst du?"

Einen Fehler.

„Ich auch."

Diel fühlte sich verletzt. Verletzt, aber auch bestätigt. Er verspürte einen neuen Ansturm, wieder zu weinen.

„Wie korrigieren wir diesen Fehler?"

Ich weiß es nicht. Wie muss ich sein? Was muss ich tun?

„Du bist nicht schuld."

Diel schaute verwirrt in den Spiegel.

Was meinst du?

„Du bist ein Fehler. Aber du warst nicht immer einer."

Was meinst du?

„Du hast versucht dazuzugehören. Hast vertraut und geliebt. Geweint und gelacht. Wieso nicht mehr?"

Weil ich bestraft wurde.

„Weil sie dich hassen. Sie alle hassen dich mit jeder Faser ihres Daseins."

Diel hörte gespannt, aber zurückhaltend zu.

„Du musst lernen, dass du allein bist. Niemand hört dir zu, weil sich niemand für dich interessiert. Jeder spielt nur ein Spiel. Und solange dieses Spiel so läuft wie erwartet, sind alle anderen Mitspieler willkommen. Sobald sich eine Schwierigkeit zeigt, endet die Zweisamkeit jedoch."

Diel fing an zu zittern.

Nein. Meine Freunde wissen, dass sie mir wichtig sind. Und sie finden mich auch wichtig. Ich kann ihnen vertrauen, ich muss nur lernen wie. Ich muss meine Ängste überwinden.

„Die Freunde, die sich immer noch nicht gemeldet haben?"

Sie hatten bestimmt gute Gründe dafür.

„Willst du wieder verraten werden?"

Nein.

„Dann vertraue erst niemandem."

Es sind meine Freunde.

„Ich bin dein Freund."

Ich kenne dich nicht.

„Dann gib mir einen Namen."

Ein Name?

Diel überlegte. Er erinnerte sich an ein Buch, das er gelesen hatte. Es war alt und die Geschichte handelte von einem Dämon, der einem alten Wanderer in einem dunklen Wald auflauerte.

Der Wanderer hatte sich auf seinem Wege verlaufen und war verzweifelt. Der Dämon ergriff seine Chance und zeigte sich dem Wanderer voller Stolz. Der Wanderer bettelte den Dämon an ihm zu helfen, wieder nach Hause zu finden. Der Dämon verlangte für seine Hilfe die Seele des Wanderers. Voller Hoffnung schmiss sich der Wanderer auf die Knie und dankte dem Dämon, der etwas verwirrt und überrascht dem Wanderer seinen Wunsch erfüllte. Die Bäume ebneten einen Pfad, der den Wanderer direkt in sein Heimatdorf führte. Dort angekommen, umarmten ihn seine Frau und Kinder voller Freude, dass er zurückgekehrt war. In der folgenden Nacht erschien der Dämon dem alten Wanderer, während der Rest seiner Familie tief und fest schlief.

„Oh, du schwarzer Herr des Waldes, Gott sei dir gnädig!", himmelte der alte Wanderer den Dämon an.

„Oh, alter Kautz, was bist du nur für ein Tor! Fällst dem Schlächter vor die Füß und dankest ihm noch für die geschärfte Axt", sagte ihm der Dämon voller Empörung.

„Oh, du verdorbne Seel, nimm dich meiner an und tu, was du nicht lassen kannst. Doch Dank sei dir gewiss, da du es warst, der mich zurück zu meinem Weib und meiner Kinder geführt", strahlend stand der Wanderer auf und zeigte auf die gefüllten Betten.

„Du Narr verkaufst deine Seele für Kinder und Weib?", fragte der Dämon verblüfft.

„Ich verkaufe mein jämmerliches Nichts für mein unschätzbares Alles", antwortete der alte Wanderer unter Freudentränen. Der Dämon war berührt von den Worten des Wanderers. Sein dunkles Herz schlug in jener Nacht einen Schlag schneller und er gab dem Wanderer seine Seele zurück.

„Oh, bevor du gehest, dunkles Ungetüm, sag mir deinen Namen. Nie vergessen soll ich dich!", rief der Wanderer dem Dämon zum Abschied zu.

„Metrom", ließ der Dämon ihn wissen, bevor er in die Abgründe der Hölle zurückkehrte.

„Metrom. Das soll dein Name sein", sagte Diel und zeichnete unter den zwei Punkten auf dem Spiegel ein großes Grinsen.

Ich verlasse meine Freunde nicht.

„Sie werden dich verlassen."

Dann kämpfe ich um sie.

„Kämpfe um dich."

Ich brauche sie.

„Sie brauchen dich aber nicht."

Das weißt du nicht.

„Haben sie dir geantwortet?"

Ein Klopfen an der Tür unterbrach die Konversation.

„Diel, ich bringe dir die Kleider. Komm jetzt, wir wollen los", rief seine Mutter von der anderen Seite. Er öffnete die Tür, nahm die Kleider und zog sich um. Er warf einen letzten Blick auf sein Spiegelbild und das lächelnde Gesicht neben ihm. *Ich weiß nicht, was ich tun soll. Ich bin verzweifelt. Und es scheint mir, als würde niemand mir helfen können. Aber ist das Scheitern meiner Selbst unvermeidlich? Ich kann mir nicht helfen, ich bin zu schwach. Aber enden soll meine Geschichte nicht. Ich will aufhören, mich in Trauer und Mitleid zu suhlen.*

„Ich kann dir helfen."

Wie?

„Verstoße alle, bevor sie dir wehtun können."

Soll ich alle aufgeben, weil ein Risiko besteht, sie könnten mir wehtun?

„Ich zeige dir einen Weg, der funktioniert."

Du scheinst in niemandem etwas Gutes zu sehen. Ich bin benebelt von Trauma und Angst. Unsinnige Angst. Meine Angst, meine Freunde könnten mich verstoßen, ist doch eigentlich unsinnig. Oder? Die Gedanken, jeder, ja die ganze Welt, würde mich hassen, sind doch nichts als Hirngespinste. Oder?

„Alles begründete Angst."

Ich glaube nicht.

„Du glaubst nicht. Du hoffst."

Kapitel 9:
Nur eine Phase

Diel stieg ins Auto und setzte dabei seine Kopfhörer auf. Die Autofahrt zum Restaurant dauerte ungefähr zwanzig Minuten. Seine Eltern schienen sich während der Fahrt zu unterhalten, Diels Mutter lächelte währenddessen unentwegt seinen Vater an. Mit seinem Gesicht am Fenster beobachtete Diel die entgegenkommenden Autos. Es war ein sonniger Tag, die hellen Strahlen warfen sich auf sein Gesicht. Er schloss die Augen und legte seinen Kopf an das Fenster. *Autofahren ist wohl eines der ruhigsten Sachen für mich. Ich kann nicht einmal wirklich sagen warum. Ich fühle mich hier drinnen einfach sicher. Ich kann meine Musik hören, die Welt da draußen beobachten und muss mir keine Sorgen machen, dass ich womöglich jemandem auf die Füße trete. Und dennoch. Ich habe keine Lust essen zu gehen. Ich würde mich lieber wieder in mein Bett verkriechen, die Vorhänge zu ziehen und …*

„Und?"

Ich weiß es nicht. Aber ich liege lieber im Bett, als mich dieser Welt hier zu stellen. Sobald wir aus diesem Auto hier aussteigen und das Restaurant betreten, werde ich die Kopfhörer abnehmen müssen, mich verstellen und einen guten Eindruck vermitteln.

„Warum?"

Weil ich mir die Peinlichkeit ersparen will, eine Person zu zeigen, die definitiv nicht in eine erfolgreiche Gesellschaft passt. Weil ich meine Eltern auch nicht enttäuschen will. Sie haben mich schließlich zu diesem Essen eingeladen, da bin ich es ihnen schuldig, sie bei diesem Essen zu beeindrucken und zu zeigen, was sie hier großgezogen haben. Oder zumindest will ich ihnen weismachen, dass sie sich keine Sorgen um mich machen müssen. Sie haben so viel mit ihrer

Arbeit zu tun, mir bleibt da auch nur dieser eine Tag mit meinen El-
tern. Den will ich nicht kaputt machen.

„*Was haben deine Eltern schon für dich in letzter Zeit getan?*"

Wie gesagt, sie sind sehr beschäftigt. Aber deshalb halte ich nicht
weniger von ihnen. Mein Leben ist nicht wie ich möchte, doch das be-
trifft nicht meine Eltern. Sie waren schon für mich da, als ich Zahn-
schmerzen hatte, vom Fahrrad gefallen bin, als ich Angst hatte, in
den Kindergarten zu gehen und um mich zu trösten, als unser Hund
gestorben ist.

„*Den sie nicht mitnehmen wollten.*"

Ja.

„*Obwohl sie wussten, wie viel er dir bedeutet.*"

Ja …

„*All der Schmerz, den sie vertrösteten, war doch erst ihre Schuld.*"

Sie hatten ihre Gründe dafür.

„*Welche?*"

Das weiß ich nicht. Ich war noch zu klein.

„*Sie sahen nicht, wie wichtig er dir war.*"

Doch.

„*Wieso nahmen sie ihn dann nicht mit?*"

Das Auto stoppte. Diel öffnete die Augen. Seine Stimmung
war nach der Konversation stark ins Negative gekippt. Er fühlte
eine alte Trauer, Bilder von einem kleinen, quiekenden Schäfer-
hund kamen ihm in den Kopf. Ein anderes, das einen größeren
Schäferhund zeigten, mit einem kleinerem Diel, dem es schwer-
fiel zu verstehen, wie man eine Leine am Halsband befestigte.
Eine Erinnerung war hervorgerufen. Der Hund saß und warte-
te geduldig, bis Diel die Leine am Halsband befestigen konnte.
Diel und der Hund hatten beide die gleiche ungefähre Größe.
Der Hund stand auf und stupste Diel vorsichtig mit seiner Nase
an und sprang dann aufgeregt zweimal in die Luft. Diel lach-
te und umarmte den Hund fest. Danach ging er mit dem Hund
und seinem Vater nach draußen.

Sein Vater tippte Diel auf sein Bein.

„Komm, wir sind da du Träumer", kicherte sein Vater. Diel
versuchte seine Trauer zu verstecken und lächelte als Antwort

kurz. Er nahm seine Kopfhörer ab und stieg aus dem Auto. Diel betrachtete sich noch kurz im Spiegel der Fensterscheibe. Er trug ein hellblaues Hemd, ein dunkles Jackett und eine dunkle Anzugshose. Seine Schuhe waren weiße, saubere Turnschuhe. *Kleider machen Leute.* Er folgte seinen Eltern in das Restaurant, innerlich der Trauer und Leere entgegengetreten.

Das Restaurant war, wie man es sich vorstellte. Ein großer, kristallener Kronleuchter hing in der Mitte des riesigen Speisesaales. Die Tische waren in einer edlen, weißen Tischdecke gekleidet. Auf jedem Tisch stand ein vergoldeter Kerzenständer. Die Innenausstattung hatte verschiedene Kunstgegenstände, wie Statuen aus verschiedenen Materialien oder Bilder, bei denen man sich den Kopf darüber zerbrechen könnte, was man dort genau erkennen sollte. Diel und seine Eltern bekamen einen Platz genau in der Mitte des Saales. Sie wählten ihre Getränke und bekamen anschließend die Speisekarten. Diel blickte nur unverständlich auf die Karte. Alles war auf Französisch. Eine Sprache, für die er nie viel übriggehabt hatte. Sie war ihm zu schwer und inzwischen auch zu lästig geworden. Als die Kellnerin kam, bestellte er einfach das Gleiche wie sein Vater. Er achtete stets darauf, ordentlich am Tisch zu sitzen, und hörte aufmerksam zu, was seine Eltern sagten. Sie redeten nur über Geschäftliches. Diel verstand davon nichts, aber es war das einzige Mal in dieser Woche, dass er seine Eltern reden hörte. Er wollte diesen Moment mit ihnen genießen. Er konzentrierte sich auf die Worte seiner Eltern und ihre Gesten. Wenn sie lachten, lächelte er mit, wenn sie sich aufregten, schaute Diel sehr ernst. Dieses ganze Schauspiel half ihm, sich dabei nicht mehr auf seine traurigen Erinnerungen und Sorgen zu konzentrieren. Er wusste, sobald dieser Tag vorbeigegangen war, würden diese Gefühle ihn wieder übermannen. Doch jetzt, in diesem Moment, taten sie es nicht. Und er dankte insgeheim seinen Eltern dafür.

„Diel, du bist so still. Erzähl uns doch mal, wie deine Woche so war", sagte seine Mutter freudig. Diel war überrascht. Er hatte das nicht erwartet. *Ich kann ihnen unmöglich davon erzäh-*

len. *Wie auch? Was soll ich sagen? Wie soll ich das sagen? Das ist alles so viel. Ich kann sie damit nicht überfallen. Mein Vater würde mich wahrscheinlich nur auslachen, weil ich nur am Heulen bin wegen dieses Mists. Meine Mutter würde doch eh nicht wissen, wie mir zu helfen ist.* Diel zitterte leicht. *Es fühlt sich an, als würde ich versuchen, einen Staudamm vor dem Einstürzen zu bewahren.* Er versuchte ruhig zu bleiben.

„Ganz normal, recht langweilig", gab Diel schwerfällig zurück. *Vielleicht merken sie ja, dass ich lüge?*

„Was heißt denn langweilig? Keine Prüfungen oder so?", fragte sein Vater.

„Nö, nur normaler Schulstoff. Nichts Aufregendes. Alles so wie immer", gab Diel zurück. *Bitte seht, dass ich lüge. Fragt zu Hause nochmals nach. Nicht an einem öffentlichen Ort. Fragt weiter. Bitte.*

„Und was machen deine beiden Freunde? Osore und Aiden, richtig?", fragte seine Mutter.

„Die sind gerade für eine Woche auf so einem Lernausflug. Geht ihnen, glaub ich, ganz gut", gab Diel trocken zurück. Ein Gefühl von immensem Stress machte sich bei Diel breit.

„Ist das der Ausflug, auf den du nicht mitgehen wolltest?", fragte sein Vater mit einer misstrauischen Miene.

„Ja, wieso?", fragte Diel. *Hat er durchschaut, dass etwas passiert ist?* Diel hatte das Gefühl, wenn nur einer der beiden jetzt das Richtige sagen würde, was auch immer das sein mag, würde er die Staumauer nicht mehr zusammenhalten können. Und er wollte das. Aber er schaffte es nicht selbst.

„Wäre vielleicht besser gewesen, wenn du mitgegangen wärst. Von so einer Studienreise kann man nur profitieren. Und es würde dich wahrscheinlich davon abhalten, bis weiß-nicht-wann zu schlafen", gab sein Vater grob zurück. Diel sackte innerlich zu Boden. *Fehlschlag.* Er erwiderte nichts dazu. Eine unangenehme Pause entstand.

„Aber sonst geht es dir gut?", fragte seine Mutter, um die Pause zu unterbrechen. Die Mauer bröckelte.

„Ja", gab Diel kurz und knapp wieder.

„Lügner."

Seine Eltern lächelten einvernehmlich und redeten wieder über die Arbeit. Diel war enttäuscht und wütend. Nur, auf wen genau er wütend war, konnte er nicht genau erkennen.

Das Essen kam nach einiger Zeit. Nach dem Essen zahlte sein Vater und sie fuhren wieder nach Hause. Seine Eltern setzten sich im Wohnzimmer auf das grüne Sofa und machten den Fernseher an. Diel ging nach oben und zog sich um. Sein Hemd fing an zu kratzen und seine Schuhe drückten. Er zog sich seinen Schlafanzug an, schloss die Vorhänge und kroch in sein Bett. Er schaute auf sein Handy. Es war sechzehn Uhr und noch immer keine Nachricht von seinen Freunden. *Sie haben mich bestimmt vergessen. Kein Wunder. Sie haben bestimmt Spaß, dafür brauchen sie mich ja auch nicht. Eine Nachricht von ihnen wäre trotzdem schön gewesen.*

„Weil man so auch nicht mit Freunden umgeht."

Da muss ich dir recht geben. Ich dachte, es sei diese Chaos in meinem Kopf, dass ich nicht mehr klar denken kann. Aber irgendwas hätten sie doch schreiben können, oder? Ein „Hallo" oder ein „Uns geht es gut". Mir ist egal, ob sie gefragt hätten, wie es mir geht. Ich dachte nur …

„Du dachtest, sie würden dich so weit wertschätzen, dass sie dir wenigstens antworten?"

Ja. Diel starrte die Decke hinauf. *Was, wenn ich versuche, an Freunden zu hängen, die mir wichtiger sind als ich ihnen? Ich bin an einem Punkt angekommen, an dem ich für sie sterben würde, für sie bluten würde, da ich das doch ohnehin schon tue. Doch umso mehr ich darüber nachdenke, dass sie das wohl nicht so tun, desto mehr wird mir klar, wie allein ich in Wirklichkeit bin. Die Chance, jemanden zu haben, dem man vertrauen kann ist nichts als eine Lüge. Ich bin allein, kaputt, gebrochen und weiß nicht, wie ich wieder normal werde. Niemand zeigt mir einen Weg und ich weiß nicht mehr weiter. Es ist sinnlos. Alles scheint so sinnlos. Ob ich hier im Bett liege oder die Welt rette, spielt mir keine Rolle, es würde sich nichts daran ändern, dass ich einfach ich bin. Und dieses Leben ist grausam, einsam und trostlos. Ich will das nicht. Aber was soll ich denn tun?*

Kannst du mir das sagen? Kannst du mir aus dieser Misere wirklich helfen oder bist und bleibst du nur ein Hirngespenst?

„Ich kann dir helfen."

Wie?

„Höre auf mich."

Was meinst du?

„Der Alltag ist schwer. Du weißt nicht mehr weiter. Du bist überfordert. Es geht dir nicht gut. Du spielst eine Rolle, jeden Tag und es kauft dir jeder ab. Du wolltest nicht mehr ständig ängstlich sein. Du hast dir Menschen ausgesucht, die für dich eine wichtige Bedeutung haben. Das hast du schon einmal getan. Du sagst, du wärst allein und in Situationen wie diesen wird dir das erst richtig bewusst. Hier in deinem Bett. Du starrst die Decke an und denkst dir, wo der Sinn in allem läge. Wenn jeder sich einen Dreck um dich schert, was solls dann? Man könnte sich genauso gut das Leben nehmen und all seine Schmerzen beenden. Niemand würde darüber trauern und wenn doch, dann nur für kurze Zeit. All diese Witzfiguren, von denen man hört, wie sehr sie es bereuen, nicht mehr getan zu haben. Du schmeißt dich ihnen innerlich halbtot um den Hals und betest, dass sie dir helfen. Du möchtest, dass sie für dich da sind und dir zuhören. Du schreist innerlich nach Hilfe, ununterbrochen. Niemand reagiert darauf. Selbst wenn du jemanden findest, der dir zuhört, was erwartest du? Niemand wird weiter darauf eingehen. Sie werden dir versprechen, alles wird schon wieder gut. Aber sie haben keine Ahnung. Über Jahre schleppst du Wunden mit dir rum, die niemand sieht. Du hast sie so gut abgedeckt, dass du sie selber nicht mehr bemerkt hast. Doch jetzt hat man dir deine Wunden wieder aufgerissen. Aber die Heilung ist nicht, darüber zu reden. Da niemand dir zuhören wird. Da niemand Verständnis für dich haben wird. Du bist allein und Schuld daran hast nicht du. Die anderen lassen dich hängen, während du versuchst nicht zu ertrinken. Rede, wenn du meinst, dass es helfen würde. Doch egal, wie nahe dir eine Person steht, sie wird dir niemals die Hand reichen. Niemand will das. Man hört sich deine Probleme nur so lang an, bis man merkt, dass sie zu den eigenen werden könnten. Denke an dich. Vergiss alle anderen."

Diel fing an zu schluchzen.

„Wie soll ich das anstellen? Ich bin zu schwach, um mir selbst zu helfen", flüsterte Diel unter Tränen.

„Höre auf mich. Ich helfe dir. Tu, was ich sage."

Vielleicht liegst du aber falsch. Ich will niemanden verstoßen, den ich liebe. Ich will meine Freunde nicht aufgeben. Ich will meine Eltern nicht aufgeben.

„Aber du willst dich aufgeben."

Ich habe doch alles versaut. Wieso soll ich die anderen bestrafen?

„Sie schätzen dich nicht wert. Und das hindert dich daran voranzukommen."

Du lügst.

„Höre auf mich."

Nein.

„Höre auf mich."

Nein!

„Höre auf mich."

NEIN! Du lügst!

„Niemand will dich. Niemand will dir helfen außer mir."

Du lügst! Es gibt jemanden, der mir helfen will. Meine Eltern können mir helfen. Meine Freunde, wenn ich ihnen von meinen Schmerzen erzähle, können mir helfen.

„Glaubst du das?"

Ja.

„Lügner."

Diels Zimmertür ging auf. Schlagartig wischte er sich die Tränen aus dem Gesicht und schaute hinauf. Seine Mutter trat in sein Zimmer.

„Jetzt schon im Bett? Etwas früh, oder?", fragte sie ihn.

„Ich bin müde", gab Diel zurück, in der Hoffnung, sie würde seine nassen Augen in dem dunklen Zimmer nicht erkennen. Seine Mutter kam auf ihn zu und setzte sich auf sein Bett.

„Du hast heute so lange geschlafen, kaum zu glauben, dass du jetzt schon wieder müde bist." Es war zwar dunkel, aber Diel erkannte, dass seine Mutter ihm einen sorgenvollen Blick zuwarf. „Alles in Ordnung, Diel?" Sein Herz fing an schneller zu schlagen. *Gott nein, es ist nicht alles gut. Ich drehe noch durch. Ver-*

flucht, hilf mir bitte. Lass mich nicht allein. Vertreib diese Gedanken in meinem Schädel.

„Ich weiß auch nicht, Mom. Ich fühle mich nicht besonders seit ein paar Tagen", entfleuchte es Diel. Ein Hauch Erleichterung machte sich breit. Er hatte es getan. Er hatte den ersten Schritt gewagt, jemandem von seinem Problem zu erzählen.

„Wie meinst du das? Was hast du?", fragte seine Mutter und legte ihre Hand auf die seine. Diel merkte es jetzt, er könnte sofort losheulen. Die Wärme seiner Mutter berührte seine eiskalte Hand.

„Ich fühle mich ... irgendwie leer. Leer, müde und erschöpft. Meine Gedanken kreisen immer ununterbrochen und ich weiß nicht, wie ich damit aufhören soll. Ich mache mir so viele Sorgen über alles Mögliche und habe das Gefühl daran zu zerbrechen", hoffnungsvoll schaute Diel seine Mutter an. *Du kannst sagen, was du willst. Ich brauche nur irgendwas. Irgendetwas, was mich vertröstet. Eine Umarmung. Selbst das genügt mir. Das wäre alles, was ich von dir möchte, Mama.*

„Ach, Schatz. Mach dir darüber mal keine Sorgen. Das ist nur eine Phase, das geht wieder vorbei. Am besten bleibst du nicht mehr lange auf und schläfst ordentlich, dann wird das wieder." Seine Mutter strich ihm sorgsam durch seine inzwischen zerzausten Haare. *Nein, Mama, das fühlt sich schlimmer an. Das fühlt sich an, als würde es für immer bleiben. Und das will ich nicht.*

„Und wenn es nicht weggeht?" Diel musste versuchen nicht zu weinen.

„Das ist nichts. Werd mal nicht dramatisch, mein Schatz." Während sie das sagte, läutete das Telefon unten.

„Liebling, dein Chef ruft an!", rief Diels Vater hinauf.

„Da muss ich rangehen, dann schlaf mal gut, mein Schatz." Seine Mutter stand auf und ging zur Tür.

„Mama?", sagte Diel, während sein Staudamm zu brechen begann. Seine Mutter ging hinaus und schloss die Tür. Diel war allein. „Ich hab dich lieb." Der Damm brach. Eine Flut aus Emotionen überkam Diel. Er weinte lauter als jemals zuvor. Er drückte sein Gesicht in sein Kissen. Er konnte nicht aufhören, so sehr er es auch versuchte. Er verspürte Trauer, Verzweiflung und Hoffnungslosigkeit. Er fühlte sich schlichtweg verloren. *Es hat nichts gebracht. Bitte komm wieder her. Sieh dir an, welches Elend hier auf dem Bett liegt. Herrgott, bitte lass mich jetzt nicht allein.* Diel krallte sich immer fester in sein Kopfkissen. *Wie kannst du mich nur hier zurücklassen? Was hab ich dir getan? Siehst du nicht, dass ich innerlich sterbe? Willst du mich nicht? Ihr lasst mich alle allein. Zum Teufel, warum?*

„Darf ich?"

Verflucht.

„Lass mich helfen."

Ich kann nicht mehr. Ich will nicht mehr.

„Höre auf mich."

Ich gebe auf. Tu dein Bestes. Ich höre auf dich. Übernimm das Steuer. Rette mich. Rette mich, weil es sonst wohl niemand kann.

Die Tränen flossen noch die ganze Nacht, bis Diel endlich einschlief.

Kapitel 10:
Stimmungsschwankungen

Der Wecker klingelte, es war 7 Uhr morgens. Diel öffnete die langsam die Augen. Er bewegte sich nicht, das Klingeln des Weckers hörte sich immer weiter weg an.

„Schule. Montag. Kann ich nicht einfach liegen bleiben? Würde es jemandem auffallen? Die einzigen zwei, die mit mir reden, sind ja nicht mal da." Diel drehte sich auf die Seite und starrte aus seinem geschlossenen Fenster. Es war schon hell draußen, er erkannte den alten Baum von draußen. Das Klingeln des Weckers wurde wieder etwas klarer. Er setzte sich auf, nahm sein Handy und schaltete den Wecker aus. „Noch immer keine Antwort. Ist es dumm, dass ich so sehr auf eine Antwort hoffe? Was sagst du, Metrom?" Es kam keine Antwort. „Eine tolle Hilfe bist du mir." Diel stand auf und zog sich an. Danach setzte er sich wieder auf sein Bett. Er starrte auf den Boden. Er fühlte sich müde, ausgeknockt und unmotiviert. Schließlich nahm er seine Kopfhörer von seinem Nachttisch und setzte sie auf. Er spielte ein wenig auf seinem Handy rum und suchte einen Song, den er sich anhören wollte. Nichts sprach ihn an. Seine Songs auf dem Handy hatten alle keine Texte. *Wenn jemand mich nach Liedern fragt, die ich höre, und ich ein blödes Lied habe, macht man sich nur über mich lustig. Da waren mir Lieder ohne Text sicherer. Aber wer fragt mich schon.* Er öffnete die YouTube-App seines Handys und durchforstete die Startseite ein wenig. *So viele Lieder, die jeder kennt und hört. Aber keines davon spricht mich an. Sie hören sich doch alle gleich an.* Er suchte weiter. Kein Titel sprach ihn an, kein Thumbnail oder Interpret erweckte in ihm das Gefühl, sich den Song anzuhören. *Die meisten handeln von Liebe, gebrochenen Herzen oder sonst von irgendwelchen Luxusproblemen. Singt denn nie-*

mand über etwas, mir helfen würde? Ich brauche keinen Liebessong, als würde mir das jemals passieren, was dort gesungen wird. Oder Rap, bei dem man sich so krass aufspielt wie weiß nicht wer. Schön für euch, dass ihr euer Leben im Griff habt, aber es interessiert mich nicht. Diel verspürte Wut, die sich langsam immer mehr in ihm aufbaute. *Niemand scheint mehr Songs über Dinge zu schreiben, die ihm wirklich etwas bedeuten. Ich höre in dem Ganzen keine richtigen Emotionen, nichts scheint wirklich ernst gemeint zu sein. Und dennoch fahren die Leute darauf ab. Sie bekommen Millionen von Dollars für einen Liebessong, den schon tausend andere verfasst haben, nur mit einer anderen Melodie und einem etwas anderem Text. Wieso schaue ich eigentlich weiter? Was suche ich eigentlich? Suche ich nach einem dieser Songs, mit denen man sich identifizieren kann? Als ob es einen gäbe, der sich mit dem Albtraum in meinem Kopf auseinandersetzen würde. Und dabei meine ich nicht diese lauten Songs, bei denen man nur Schreie und Gebrüll hört. Das ist nicht das, was ich suche. Ich schreie nicht. Ich brülle nicht. Vielleicht suche ich etwas mehr Einfühlsames? Ich weiß es nicht.* Diel schaute auf die Uhrzeit. Es war nun schon 07:23 Uhr. *In sieben Minuten muss ich los. Finde ich da noch etwas?* Diel schaute weiter, seine Motivation, etwas Passendes zu finden, schwand immer mehr. *Hm?* Diel hörte auf zu tippen. Er sah einen Song, der ihm nicht bekannt vorkam. *Noch nie gehört.* Das Thumbnail des Videos zeigte einen grauen Hintergrund mit einem weißen Schriftzug, der den Titel des Liedes wiedergab. Diel klickte drauf. Das Video war komplett in Schwarz-Weiß und war eines dieser Videos, dass den Text des Liedes aufzeigte. Diel war überrascht. Die Stimme des Sängers war ruhig und es ging dennoch eine gewisse Trauer von ihm aus. Schon die ersten Sätze trafen Diel direkt. Und umso mehr Diel dem Song lauschte, umso mehr zog es ihn hinein. Jedes Wort schien ihn direkt anzusprechen. Diel war fasziniert. *Nun habe ich doch etwas Passendes gefunden. Es ist nichts zum Tanzen, doch danach habe ich auch nicht gesucht. Ich glaube, ich habe noch nie einen Song gefunden, der mich so anspricht, der mir ein Gefühl von Verständnis gibt. Dass jemand da draußen ist und Songs schreibt über genau das, was in einem los ist, gibt einem gleich das Gefühl, nicht allein zu sein. Bin ich hier zu sensibel? Wen interessiert das? Dieser Song ist, was ich gerade brauche. Was ich gesucht habe. Ich habe nie etwas Persönlicheres gehört. Die Verzweiflung. Die Angst. Die Sorgen.* Diel lehnte sich zurück und fiel auf sein Bett. Er schloss langsam die Augen und lauschte dem Lied, immer und immer wieder. *Es ist seltsam, aber die Tränen, die mir hervorschießen sind keinesfalls welche aus Trauer. Vielmehr Erleichterung.* Ein ehrliches Lächeln trat in Erscheinung. Er stand schließlich auf, das Lied spielte er stets weiter ab. Er nahm seinen Rucksack und ging hinunter. Er hatte nur noch fünfzehn Minuten, bis die Schule anfangen würde. Doch Diel schien nicht beunruhigt. Er war wie in Trance. Er konnte nicht aufhören, dem Lied zu zuhören. Er vergaß seine Sorgen nur für diese wenigen Minuten, die das Lied in seinen Ohren erklang. Er nahm sich seine rote Jacke von Kleiderständer und ging hinaus.

Er kam noch gerade pünktlich zur Schule. Die erste Stunde war Mathematik. Er setzte sich an seinen Platz, nahm die Kopfhörer ab und nahm seine Bücher hervor. Der Text des Liedes flog ihm noch eine Weile hinterher. Er schaute stets auf die Uhr und als die Stunde vorbei war, machte er sich sofort auf den Weg ins nächste Klassenzimmer. Er redete mit niemandem und vermied, so gut es ging, den Blickkontakt mit seinen Mitschülern. Das ging immer so weiter bis zur letzten Stunde vor der Mittagspause. Es war der Biologieunterricht. Die Lehrerin dort war sehr streng, und Diel versuchte immer, nicht in ihre Schusslinie zu geraten. Vor allem heute, an dem Tag, an dem Aiden nicht da war, um ihm Mut zu machen. Falls es doch passieren sollte, wollte er keinesfalls vor der Klasse zurechtgerückt werden. Diel versuchte deshalb, immer dafür zu sorgen, dass es keinen Grund dafür gab. Er setzte sich an seinen Platz, packte seine Bücher aus und wartete brav auf den Anfang der Stunde. Seine Lehrerin stampfte in das Zimmer. Sie hatte kurzes, schwarzes Haar, trug eine Brille, ein weißes T-Shirt und Jeans.
„Ich bin heutes etwas im Stress, also bitte ich Sie die Hausaufgaben hervor zunehmen, sodass wir sie besprechen können",

verkündete sie, während sie sich an ihren Platz setzte. *Hausauf-gaben?* Diel beobachtete seine Mitschüler. Sie alle nahmen einige Arbeitsblätter hervor. *Hab ich was vergessen?* Diel wurde nervös. Sein Herz klopfte immer schneller. Er versuchte, die letzte Woche abzurufen. Und doch fiel ihm ein, dass sie in der letzten Minute der Stunde diesen Arbeitsauftrag erhalten haben. *Verdammt, ich hab es vergessen.* Die Lehrerin erhob sich von ihrem Pult und begann sich Reihe für Reihe der erledigten Aufgaben zu vergewissern. *Was mach ich jetzt? Ich hab es total vergessen. Seit diesem ganzen Mist denke ich doch nicht daran.* Sein Blick wanderte umher, in der Hoffnung, einer der anderen hätte seine Aufgaben ebenfalls vergessen. Dann wäre er immerhin nicht allein. Das würde ihm eine gewisse Sicherheit geben. *Fuck, fuck, fuck, wieso jetzt? Wieso ausgerechnet jetzt? Ich mache meine Sachen immer!* Die Lehrerin war nun dabei, Diels Reihe zu kontrollieren. *Ich mache meine Sachen immer, verdammt! Wieso passiert mir jetzt schon wieder so ein Mist! Kann ich auch mal einen Tag haben, ohne das mir nur so etwas passiert?* Die Lehrerin stand nun vor Diels Pult.

„Nun, Diel. Wo sind Ihre Aufgaben?", fragte sie misstrauisch. Diel wurde extrem nervös, sein Herz fühlte sich an, als würde es bald aus seiner Brust springen. Dennoch versuchte er ruhig zu bleiben. *Bitte schrei nicht. Lass es einfach durchgehen. Es passiert nicht nochmals, versprochen.*

„Ich habe es leider vergessen, entschuldigen Sie", sagte Diel aufrichtig, er brachte sich nicht dazu, seiner Lehrerin in die Augen zu sehen. Er fühlte sich aufgewühlt.

„Es war ein recht einfacher Auftrag, würden Sie mir bitte erklären, wie Sie diesen vergessen konnten?", sagte seine Lehrerin mit einem rauen Unterton. Diel fühlte die Blicke seiner Mitschüler, wie sie ihn durchbohrten. *Es tut mir leid.*

„Ich ... Ich war das Wochenende über krank und bin leider nicht dazugekommen, die Aufgaben zu erledigen", antwortete Diel. *Bitte frag nicht mehr. Lass einfach gut sein. Ich hab es vermasselt, ich weiß. Mein Fehler. Ich akzeptiere das. Ich hole es nach.*

„Wissen Sie, Diel, da Sie heute schon wieder in der Schule sind, nehme ich an, dass Sie unmöglich so krank gewesen sein können und die Aufgaben nicht hätten lösen können. Halten Sie mich für dumm?", seine Lehrerin erhob ihre Stimme. Es gab einen das Gefühl, mit einem Pulverfass zu reden. Ein falsches Wort, eine falsche Bewegung und es würde krachen. Bevor Diel auch nur ein Wort sagen konnte, schlug seine Lehrerin mit der Faust auf sein Pult. Diel zuckte zusammen. *Bitte nicht schreien.* Es wurde ihm immer unangenehmer, an seinem Platz zu sitzen. „Es war ein sehr einfacher Auftrag. Wenn Sie zu faul dafür sind, okay. Wenn Sie zu dumm dafür sind, okay. In beiden Fällen ist diese Schule, und vor allem mein Unterricht, nichts für Sie. Das gilt für alle hier!", die Lehrerin drehte sich zu den restlichen Schülern. Ihre Stimme war laut und voller Frustration. Diel hielt seine Hände zusammen auf seinen Schenkeln und starrte nach unten. Er war den Tränen nahe. „Wissen Sie was, Diel? Da Sie es ja nicht für nötig halten, diesem Unterricht irgendwie Folge zu leisten, können Sie auch verschwinden. Gehen Sie mir aus den Augen. Ich brauche keine undankbaren Schüler, die lieber ihr Leben verschwenden." Diel zitterte. *Mein Leben verschwenden? Das ist nur eine Hausaufgabe. Es war keine Absicht. Ich versuche mein Leben zu retten. Oder darf ich das nicht?*

„Sie macht dich klein." Wieder hämmerte seine Lehrerin auf sein Pult.

„Haben Sie mich nicht gehört? Raus hier! Aber pronto!", schrie ihn seine Lehrerin an. Diel fühlte wieder eine starke Verzweiflung in sich aufkommen. *Es war ein Versehen.*

„Das interessiert sie nicht. Sie macht dich klein."

Ich will nicht klein sein. Ich will nicht unbrauchbar sein. Die Blicke bringen mich um.

„Nur weil sie dich auf ein Podest stellt."

Was soll ich tun? Wie komm ich hier raus? Metrom? Sag mir, wie?

„Sieh sie dir an." Diel erhob seinen Blick und schaute seine Lehrerin direkt an. Sie warf ihm einen strengen, bösen Blick zu. Er verspürte das Verlangen wegzusehen.

„Schau sie an. Eine alte hässliche Gestalt." Diel fokussierte sich stärker auf das Gesicht. *„Wahrscheinlich hat sie selbst nichts aus ihrem Leben gemacht und lässt es an dem Nächstbesten aus. Ist das fair?"*

Nein.

„*Kannst du irgendetwas dafür?*"

Nein. In Diel baute sich Rage auf.

„*Wegen einer lächerlichen Hausaufgabe macht sie dich zum Gespött der Klasse. Was für eine Schreckschraube.*" Diel ballte seine Fäuste.

„*Du bist nicht schwach. Und dieses Weib darf dich nicht runtermachen!*"

Was soll ich tun. Diel erwiderte den strengen Blick mit einer hasserfüllten Mimik.

„*Schlag zu.*"

Was? Diels Wut verschwand für wenige Sekunden.

„Hören Sie schlecht, Diel?", krächzte ihn seine Lehrerin an.

„*SCHLAG ZU!*", schreit ihn Metrom mit einer düsteren Stimme an. Diel sprang auf. Er schaute der Lehrerin direkt in die Augen. Diese schaute etwas erschrocken auf seine geballte Faust. *Beruhig dich. Viel zu viel Wut. Wo kommt die her? So plötzlich, so unvorhersehbar. Ich habe das Gefühl, gleich die Kontrolle zu verlieren.*

„*Schlag endlich zu!*"

Diel schnappte sich seine Tasche und verließ in zügigen Schritten das Zimmer, ohne sich umzudrehen. Er ging in den ersten Toilettenraum, den er sah, und kontrollierte schnell, ob er allein war. *Niemand da.* Er lief zu den Waschbecken, lehnte sich hinüber und schaute in den Spiegel.

„Was ist gerade passiert?"

„*Du bist weggerannt.*"

„Weil ich fast meine Lehrerin zusammengeschlagen hätte! Das ist aber nicht, was ich gemeint habe. Was zum Teufel hast du getan?" Diel schlug hart auf das Waschbecken mit geschlossener Faust. Eine Antwort blieb aus. „Wage es dir ausgerechnet jetzt dein Maul zu halten! Ich war noch nie so wütend. Du musst irgendwas gemacht haben! Das war nicht, was ich wollte. Meinst du, ich will einfach jeden umbringen, der mir einen Stein in den Weg legt?" Noch immer blieben seine Fragen unbeantwortet. „Antworte mir! Ich habe mich komplett nicht unter Kontrolle. Ich bin nervlich und emotional gerade einfach ein Wrack. Was soll das? Vor wenigen Minuten war doch alles okay. Was hast du getan? Antworte mir!" Diel wartete dieses Mal etwas. Er lauschte genau. Er schaute genau. Nichts regte sich. Metrom blieb still. Diel wurde immer frustrierter. „Rede! REDE VERDAMMT! Ich will das auf keinen Fall nochmals erleben. Keine Gewalt."

„Ich war das nicht."

Diel schaute hasserfüllt in den Spiegel.

„Lügner!" Er schlug kräftig zu. Der zerbrochene Spiegel schnitt seine Hand auf. Blut lief über seine Hand und dann über seinen Unterarm hinab. Es schmerzte nicht. Diel nahm seine Faust vom zerbrochenen Spiegel und versteckte sie in seiner Hosentasche, als er hinausging.

DRITTER AKT

Kapitel 11:
Selbstzweifel

Ich will hier raus. Diel lief zum Ausgang der Schule. Er konnte seine Mittagspause unmöglich dort verbringen, wo er seinen Mitschülern begegnen würde. *Ich will diese Blicke nicht. Ich will diese Fragen nicht. Und ich will dieses Gespött nicht.* Er ging hinaus. Der Schulplatz war noch völlig leer. Diel war natürlich nun eine Lektion früher draußen als die anderen. Er ging hinüber zu einer großen grünen Rasenfläche des Schulgeländes. In der Mitte dieser Rasenfläche stand eine alte Linde mit ein paar Sitzbänken darunter. Er setzte sich hin und begutachtete seine Hand. Seine Wut und Frustration hatten stark abgenommen. *Was habe ich getan? Ich habe einen Spiegel zerbrochen. Was ist nur los mit mir? Beruhig dich. Bleib stark.* Seine Hand blutete nicht mehr. Es hatten sich auch keine Splitter festgesetzt. Seine Knöchel waren vollkommen aufgeschürft. Er nahm sein Handy und versuchte sich etwas abzulenken. Er versuchte, wieder dem Song zu lauschen, doch er fühlte bei jedem Ansatz, das Lied abzuspielen, wie sich seine Emotionen wieder aufbauten. Er ging stattdessen wieder auf den Gruppenchat. Seine Freunde hatten sich noch immer nicht gemeldet. *Wenigstens einer hätte ja mal schreiben können. Osore zum Beispiel.* Diel schaute sich wieder das Gruppenprofilbild an. *Osore sieht sehr glücklich aus. Oder ist das nur gespielt? Nein. Der Einzige, der hier den Glücklichen spielen würde, wäre ich. Wenn sie sich mit genauso einem Müll auch abgeben müssten, hätte ich das doch sicher gemerkt. Aber wenn ich mir eines wünschen könnte, dann, dass sie mich fragt, wie es mir geht. So wie damals.*

Ich saß damals genau an der gleichen Stelle wie jetzt auch. Ich war gerade mal einen Monat an der Schule und Aiden war krank. Ich war

66

also, wie so oft, allein. Somit setzte ich mich während meiner Mittagspause unter die alte Linde, weit weg von den anderen Schülern. Niemand sollte sich über mich lustig machen können oder auf mir rumhacken. Vielleicht habe ich an diesem Tag nicht die volle Kraft dazu aufbringen können, mich äußerlich zu verstecken, oder sie hatte es einfach gewusst. Aber an diesem Tag setzte sich ein junges, hübsches Mädchen neben mich und fragte mich, wie es mir geht. Ohne irgendeine Vorahnung. Ich kannte dieses Mädchen nicht. Sie kannte mich nicht. Eine Wildfremde hatte mich mit einem warmen Lächeln gefragt, wie es mir geht. So oft ich es auch wiederhole, es ist und bleibt für mich unverständlich, wieso dieses Mädchen sich dazu entschloss, sich mit mir zu unterhalten. Ich hielt es zunächst für einen hinterlistigen Trick. Ich beachtete sie zunächst nicht wirklich. Doch umso länger diese Stille herrschte, umso mehr bekam ich das Gefühl unhöflich zu sein. Ich schaute sie misstrauisch an. Ich sah das Gesicht eines Engels. Es klingt sehr kitschig, ich weiß. Ihr Gesicht war das netteste, das ich je gesehen habe. Ihr Lächeln jagte mir eine Art warmen Schauer über meinen ganzen Körper. Sie lächelte mich an. Und ich lächelte sie an, aufrichtig und ungewollt.

„Entschuldige, wer bist du?", fragte ich sie schüchtern. Sie sagte mir, ihr Name sei Osore. Das wäre ein japanischer Name, den sie von ihrer Mutter bekommen hatte. Sie erzählte mir, dass sie in meine Parallelklasse gehen würde und hier gerne ihre Mittagspause verbringt. Sie hatte gesehen, dass ich hier saß, und wollte mir Gesellschaft leisten. Auf meine Frage „Wieso?" antwortete sie, ich hätte einsam ausgesehen. Ich kann es nicht genau erklären, aber ich dachte, sie hätte die Chance, durch meine Fassade hindurchzusehen. Meine Mauern und Masken, die ich mir angeeignet habe, hätten bei ihr keine Wirkung. Ich war überrascht. Falls das der Fall gewesen wäre, könnte ich vielleicht eine Freundschaft pflegen ohne irgendwelche Geheimnisse. Doch das waren Wunschgedanken, wie sich später herausstellen sollte. Sie war vollkommen aufgeschlossen. Ich hörte ihr gespannt zu, wie sie von ihren Zukunftsplänen erzählte und war augenblicklich vernarrt in ihre Person, ihren Charakter. Sie stellte mir Fragen. Fragen über meine Interessen, wo ich wohne, wo ich herkomme, ja, sie fragte mich sogar, ob ich mal Lust hätte, etwas zu unternehmen. Dieses Mädchen, das ich kaum kenne, hatte mir gegenüber mehr Interesse gezeigt, als ich wohl jemals erfahren habe. Ich war davon überzeugt, in ihr jemanden zu finden, dem ich offen und ehrlich einmal alles anvertrauen kann, der die richtigen Worte einfallen, um mich wieder aufzubauen. Ich hoffte, sie wäre die eine Person, die mich vielleicht niemals verurteilen oder wegstoßen würde. Ich habe mich damals als Wrack an sie geklammert. Weil ich Hoffnung hegte, mich endlich in Sicherheit wiegen zu können, was mein Sozialleben angeht. Und ja, auch wenn ich es nie laut ausgesprochen habe, ich habe mich verliebt. Aber nicht aus Verzweiflung oder Hoffnung. Ich habe mich in sie, ihren Charakter verliebt. Wie sie mit Menschen umgeht. Wie sie über das Leben redet. Wie sie das Leben schätzt. Und ja, auch, wie sie mich schätzt. Vielleicht war das ein Fehler. Wie alles andere in meinem Leben auch. Ich hatte nie den Mut, ihr etwas von meinen Erlebnissen zu erzählen. Etwas in mir stellte sich immer dagegen. Vielleicht die Angst davor, wie sie reagieren würde. Dass man mich erneut wegstoßen würde. Ich konnte nicht ehrlich zu ihr sein, so sehr ich das auch wollte. Und genauso wenig konnte ich ihr sagen, was ich fühle. Das ist es für mich nicht wert, diese Freundschaft aufs Spiel zu setzen. Ich kann das nicht aufgeben. Es ist mir zu wichtig, zu wertvoll. Dieses warme Lächeln jeden Tag zu sehen, ihre liebvolle Stimme zu hören. Das waren manchmal die einzigen Gründe, überhaupt noch aufzustehen. Natürlich war meine Freundschaft zu Aiden keineswegs weniger wert. Doch diese zwei Beziehungen hatten beide einen hohen individuellen Wert für mich. Was es für mich umso schmerzhafter macht, von beiden ignoriert zu werden. Diese zwei sind die einzigen Freunde, die ich habe. Das Gleiche gilt aber nicht für sie. Da wird es wohl natürlich sein, dass ich sie mehr schätze als sie mich. Ich bin nicht so wichtig für sie wie sie für mich. Das ist einerseits eine sehr schmerzhafte Erkenntnis. Allerdings ist es aber nun einmal wahr. Was kann ich dagegen schon tun? Ich kann mich ihnen nicht einfach in den Weg stellen und ihnen befehlen, mir mehr Achtung zu schenken. Ich versinke in so vielen irrsinnigen Wunschgedanken. Dass Aiden mich einmal zur Seite nimmt und mir sagt, er weiß, wie ich mich fühle. Dass er mir sagt, es sei okay zu weinen. Dass er mir helfen kann. Oder dass Osore in mein Zimmer stürmt und mir sagt, ich sei einer der wichtigsten Menschen in ihrem Leben. Sie muss mich nicht küssen, sie muss mich nicht anfassen. Diese Worte würden mir erst einmal genügen. Ganz schön kitschig, oder? Als ob das jemals passieren würde. Wieso sollte es auch? Die Hoffnung, Osore würde merken, dass mit mir etwas nicht stimmt, wurde niemals erfüllt. Schlussendlich war sie nur ein sehr höffliches, extrovertiertes Mädchen, dass einem Jungen, der allein seine Mittagspause verbrachte, Gesellschaft leisten wollte. Dennoch bleibe ich in sie verliebt. Ein Gefühl, das zu bleiben scheint, und mir immer mehr Probleme bereitet. Ich ertrinke meist in unnötigen Sorgen und quälenden Vorstellungen, verpestet von Eifersucht und Neid. Ich kann Emotionen nicht abstellen, genauso wenig wie aufdrängende Gedankenspiele. Ich bin nicht stark genug, mich weiterhin durchzukämpfen. Und wenn Metroms Hilfe bedeutet, gewalttätig zu werden, will ich sie dann wirklich? Bin ich bereit, mich um mein Leben zu bemühen, auch wenn es bedeuten könnte, mich selbst zu verlieren?

Die Schulglocke fing an zu klingeln. Es war nun offiziell Mittagspause. Diel blieb an seinem Platz sitzen. Er beobachtete, wie einige Schüler das Gelände verließen und in Richtung Altstadt wanderten. *Sie holen sich wohl in der Stadt etwas zu essen.* Nach einer Weile kam ebenfalls eine aufgeregte Truppe von Schülern hinaus. Sie schienen sich über etwas sehr energisch zu unterhalten. Viele von ihnen fingen an zu lachen. Einer zeigte plötzlich in Diels Richtung. Diel schaute genauer hin. Es handelte sich um einige seiner Klasse. *Zeigen die auf mich? Oder wollen die einfach nur hier sitzen? Bitte sag mir nicht, dass sie auf mich gezeigt haben. Ich habe die rote Jacke an. Gott, ich wusste doch, sie ist zu auffällig. Wieso habe ich nicht daran gedacht?* Sie liefen aufgeregt in Diels Richtung. *Wollen sie mich wegen des Vorfalls in der Stunde runtermachen? Vielleicht denke ich zu viel. Vielleicht wollen sie wirklich nur hier sitzen.* Diel setzte sich seine Kapuze auf, senkte seinen Kopf und tat so, als wäre er mit seinem Handy beschäftigt. Die Schritte seiner Klassenkameraden kamen näher. Sein Herz klopfte. *Das ist wie damals. Sie stürmten auf mich zu und erniedrigten mich. Schlugen auf mich ein. Beschimpften mich. Lachten mich aus. Passiert das wieder?*

„Lass es dir dieses Mal nicht gefallen. Schlag zu."

Halt die Klappe. Diel konnte es zwar nicht sehen, aber er hörte und spürte, wie sich die Horde um die Bank verteilte, auf der er saß. Ein allzu vertrauter Mischmasch aus Unmut, Angst und Unwissenheit legte sich über ihn.

„Hey, Diel", rief eine junge, männliche Stimme. Diel blickte zögerlich hinauf. Er erkannte fünf Leute. Drei Jungs und zwei Mädchen. Der Junge, der ihn angesprochen hatte, hatte schwarzes, kurzes Haar. Er grinste Diel an. Doch Diel erkannte, dass es auf keinen Fall wie das Grinsen von Felis war. Es hatte nichts Verlogenes, es gab keine falsche Sicherheit von sich. Es wirkte jedoch auch nicht aufrichtig, sondern mehr wie eine schlichte Höflichkeit. Diel schaute sich die anderen vorsichtig an. Sie wirkten neugierig und hielten etwas mehr Abstand zu Diel als der andere Junge. Diel konnte sich nicht an ihre Namen erinnern. *Kein Wunder, wenn ich nie mit ihnen rede.* Diel packte unauffällig seinen Oberschenkel und kniff, so stark es ging. Er versuchte all seine durcheinandergeratenen Gedanken vom Schmerz überdecken zu lassen.

„Was gibt's?", fragte Diel, ohne eine Miene zu verziehen.

„Wir wollten dich fragen, was das eben im Unterricht war? Die alte Schrulle hat ein schönes Theater veranstaltet", sagte der Junge.

„Und dann noch nur wegen bescheuerter Hausaufgaben", ergänzte eines der Mädchen. Diel schaute misstrauisch in die Runde. *Das wirkt nicht wie eine Nettigkeit.*

„Schleimerei."

„Sie hat schon echt übertrieben reagiert. Seid ihr nur zu mir gekommen, um mit mir über sie zu lästern?", fragte Diel nach. Alle schauten leicht verlegen zu Diel. *Sie sind nervös.*

„Nicht ganz", erklärte der Junge zögerlich. „Weißt du, wir reden ja nicht wirklich miteinander, also kennst du uns nicht wirklich. Falls du deshalb etwas misstrauisch bist, ist das also verständlich. Aber wir wollten dich um einen Gefallen bitten." Der Junge setzte sich neben Diel auf die Bank. *Was wollen die von mir? Das ist ungewohnt. Sie spotten nicht. Sie lachen nicht. Wollen sie sich anfreunden? Warum? Warum mit mir? Warum jetzt? Was für einen Gefallen wollen die von mir?*

„Was genau wollt ihr denn von mir?", fragte Diel noch immer sehr zurückhaltend.

„Weißt du, wir reden zwar nicht groß miteinander. Aber, und versteh das nicht falsch, du bist immer recht blass, hast riesige Augenringe und wirkst immer sehr ruhig und gelassen", erwiderte der Junge. Diels Herz fing an schneller zu schlagen. *Bin ich aufgeflogen? Hat es jemand tatsächlich geschnallt? Kriege ich gerade Hilfe offeriert? Endlich. Und ich dachte, ich gehe hier zu Grunde.* Trotz der vielen Emotionen versuchte Diel ruhig zu bleiben. Er war sich immer noch sicher, die Leute würden ihn für das Zeigen seiner Emotionen verachten. „Nun, und wir dachten uns, du könntest uns deshalb ein wenig aushelfen?", der Junge setzte erneut sein höfliches Grinsen auf und schaute gespannt auf Diels Reaktion. Diel war verwirrt. *Aushelfen?*

„Habt ihr denn auch … Probleme?", fragte Diel. Die fünf Schüler fingen leicht an zu lachen.

„Nein Probleme haben wir nicht. Ein paar von uns wollten es nur mal ausprobieren und andere, ich zum Beispiel, brauch nur was für mich selbst." *Ausprobieren? Seid ihr blöd? Man probiert doch diese Hölle nicht einfach aus? Oder verwechsle ich etwas?*

„Was wollt ihr denn ausprobieren?", hakte Diel nach.

„Drogen, Mann! Wir wissen doch, dass du kiffst, das sieht doch jeder. Jetzt tu nicht so", rief einer der anderen Jungs.

„Klappe, Jakob! Schrei nicht so", gab der andere Junge zurück. *Drogen? Sie glauben, ich nehme Drogen? Bleiche Haut, Übermüdung und diese sogenannte „Gelassenheit" sei also wegen Drogen? Niemand sieht es. Niemand hat es gesehen. Wieder mal falsche Hoffnungen im Kopf. Drogen also? Ich bin total sauber. Aber als ob mir das diese Hohlköpfe glauben würden. Drogen. Drogen? Verdammte Drogen! Was darfs denn sein? Kokain? Gras? Meth? Ich hätte nie gedacht, dass meine Gestalt, egal wie beschissen sie auch aussieht, für das Nächstbeste gehalten wird. Oh, du hast Augenringe? Du schläfst nicht gut? Du willst dir am liebsten die Pulsadern aufschlitzen und auf der Stelle verbluten? Muss wohl ein Drogenproblem sein. Muss*

wohl an Videospielen liegen. Muss wohl an einer schlechten Erzie-
hung liegen. Diel erkannte es nicht. Doch seine Gedanken öff-
neten erneut die Tür für Wut und Hass. Seine Gedanken ver-
nebelten ihm das Rationale.

„Und was ist? Wie viel willst du?", fragte der Junge neben
ihm auf der Bank. Diel kniff stärker sein Bein und schaute dem
Jungen direkt in die Augen. Dieser schien plötzlich auf Abstand
zu gehen.

„Feuer frei."

Ich kann es kaum wiedergeben. Es war, als schaute ich auf eine Lein-
wand. Es geschah alles, ohne, dass es mir wirklich bewusst war. Mein
Körper machte alles allein. Ich schaute nur zu. Ich packte ihn, oder?
Ich packte ihn und riss ihn an seinem Hals zu Boden. Und dann schlug
ich ihn. Ich schlug ihn, immer und immer wieder. Die anderen rann-
ten nur weg. Alle bis auf einen. Der versuchte mich zu stoppen. Aber
er konnte nicht. Ich war in meinem Element. Ich schlug weiter auf
ihn ein. Seine bescheuerte Fratze fing an, immer mehr zu bluten.
Dann packte mich der andere und zog mich weg. Er fragte mich, ob
ich das lustig fände. Ich schätze, ich habe gegrinst. Nein. Ich habe
nicht gegrinst. Ich habe gelacht. Ich habe es genossen. Ich habe mich
behauptet. Ich stand auf. Der andere ging auf die Knie und schaute
nach dem anderen. Was für ein soziales Team. Schauen nacheinan-
der. Machen sich Sorgen umeinander. Ich trat dem Depp ins Gesicht.
Seine Nase blutete stark. Wahrscheinlich gebrochen. Verdient! Was
fällt ihnen ein, mich niederzumachen. Woher nehmen sie das Recht?

„Sie wollten dich niedermachen. Gut gemacht."

Ich habe gewonnen. Gewonnen und wie ein Sieger bin ich nach
Hause gegangen. Ich erkenne ihre Blutflecke auf meiner Jacke. Auch
wenn es schwer ist, Rot auf Rot zu sehen. Ich habe gezeigt, dass ich
nicht schwach bin. Ich habe gewonnen.

„Als Nächstes Felis."

Felis? Felis. Er hat mich die ganze Zeit niedergemacht. Es wäre
nur fair, ihm das alles zurückzugeben. Und dann Jason. Und dann
allen anderen.

„Bring sie alle um."

Mord? Kann ich so weit gehen? Irgendetwas stimmt doch nicht mit mir. Bin ich ein Mörder? Würde mich das nicht schlechter machen als Felis?

„Es ist gerecht."

Gerecht? Er hätte eine Abreibung verdient. Aber ihn zu töten? Das kann ich nicht. So weit kann ich nicht gehen. Und du darfst mich nicht dazu verleiten! Wenn ich bedenke, ich habe heute zwei Unschuldige zusammengeschlagen. Sie hatten doch nichts verbrochen, oder? Sie fragten mich nach Drogen! Warum? Weil ich wie ein Junkie aussehe?

„Sie machten sich über dich lustig."

Taten sie das? Sie sind doch schlicht und einfach genau so dumm und blind wie alle anderen auch. Es sieht keiner genau hin. Es fragt niemand nach. Es bietet mir keiner seine helfende Hand an. Sie sprangen nur zur nächstbesten Lösung. War das ein legitimer Grund, sie zu verprügeln? Stellt mich das nicht auf die gleiche Stufe wie Felis? Unschuldige einfach so zu bestrafen? Macht mich das nicht auch zu einem … einem Monster? Ein unberechenbares noch dazu.

„Du tust, was du möchtest."

Tu ich das? Nein. Du verleitest mich doch dazu! Elender Lügner! Erstickst mich in Wut, Hass, Trauer und grausamen Erinnerungen und übernimmst die Kontrolle! Du hilfst mir nicht. Du übernimmst mich. Du nützt meine Schwäche aus. Du bist genauso wie Felis. Genauso ein Monster wie er.

„Ich kontrolliere nichts."

Lüg nicht! Was sonst passiert mit mir? Ich akzeptierte deine Hilfe, und sieh dir an, was jetzt passiert! Willst du mir sagen, das ist alles nicht dein Werk?

„Ich bin du."

Erzähl keinen Mist!

„Ich bin du. Das, was tief in dir schlummert."

Sei still! Ich bin kein Gewalttäter!

„Über die Jahre hast du so viel Leid und Schmerz einfach ertragen. Hast es hinuntergeschluckt. Und dabei unwissentlich ein noch viel größeres Monster als Felis gefüttert. Hast deinen Hass und deine Wut weit, weit weg geschickt. An einen so entlegenen Ort hast du sie verbannt. Sie nährten sich an jeder Belastung, jeder Verzweiflung und jeder Angst. Sie erschufen das, was du jetzt sprechen hörst. Sie schufen das, was du jeden Tag fühlst. All das ist nur ein Echo, das durch deine Verschlossenheit wieder zurückkommt. Ich kontrolliere nichts, ich öffne nur das große, schwere Tor, hinter dem alles weggesperrt wurde. Schlussendlich bist es doch immer noch du, der die Taten begeht."

Rede keinen Stuss! Das kann nicht sein, oder? Nein, ich kenne mich doch. Nein tue ich nicht. Kann ich von mir behaupten, dass die Person der letzten Jahre wirklich ich war? Dass es meine Person war, in ihrer vollen Blüte, die ihr Leben uneingeschränkt führte? Ich habe mich versteckt. Damit hast du recht, ich habe alles versucht zu vergraben. Mich hinter einer Mauer versteckt. Gehofft, dass mich niemand verletzt, niemand angreift. Jetzt wird mir erst bewusst, wie viel ich von mir selbst eigentlich verbannt habe. Warum? Weil ich schwach war? Oder weil ich mir einfach nicht mehr zu helfen wusste? Doch sind diese Gefühle, diese Wut, dieser Hass mein wahres Ich? Will ich so sein? Wie ich bin, weinerlich und klein, ist keinesfalls, wie ich sein will. So grob, hasserfüllt und gewalttätig ist allerdings auch nicht besser? Wie bin ich wirklich? Wer bin ich wirklich? Ich fühle mich nur noch hin- und hergerissen, zwischen Wut und Angst. Ich will nicht „böse" sein. Ich wollte das nie. Doch wenn es das ist, was tief in mir schlummert, habe ich ein Recht, es dann zu verweigern? Kann ich es weiterhin unterdrücken wie bisher? Es würde doch wohl nur noch schlimmer werden. Ich will nicht sein, wie ich jetzt bin. Ich will nicht sein, wie das, was wohl tief in mir sitzt und mich zu Tode zu quälen versucht. Doch ich habe keine andere Wahl, keine dritte Option. Oder? Ich sehe jedenfalls keine. Ich kann weder so noch anders sein. Ich kann nicht. Und ich will auch nicht. Ich hasse dieses Ich. Ich hasse beide Versionen. Ich hasse, um es auf den Punkt zu bringen, mich.

Kapitel 12:
Selbsthass

Zwei Tage vergingen. Diel verließ das Haus nicht mehr. Er lag nur in seinem Bett, ohne etwas zu essen, ohne jegliche Regung und Willenskraft. Er versuchte stets, nur noch durch Schlaf die Tage rumzukriegen. Trotz der Menge an Schlaf schmerzte sein Kopf. Er war nur noch müde, kraftlos und, auch wenn er es nicht mehr hören konnte, er war verzweifelt. Er öffnete langsam und schwer seine Augen. Er griff unter sein Kopfkissen und zog die Schere von seinem Schreibtisch hervor. Er begutachtete sie. Er öffnete sie und strich mit seinen Fingern über die scharfen Kanten. Die Schere schnitt leicht die Spitzen seiner Finger, sodass sie leicht anfingen zu bluten. Das Blut tropfte auf sein weißes Laken. Es zog augenblicklich ein. *Es tut nicht weh. Wie viel kann ich wohl ertragen, bis es endlich wehtut?* Er ließ die Blätter der Schere vorsichtig über die obere Seite seines Unterarmes gleiten. *Als würde ich mich mit langen Fingernägeln kratzen.* Er öffnete die Schere, soweit es ging, und legte seinen Arm zwischen die beiden Klingen. Er war nicht nervös. Er hatte keine Angst. Er fühlte nichts. *Lass mich bluten.* Er schloss die Schere und zog die Klingen geschmeidig über seinen Unterarm. *Es brennt ein wenig.* Sein Arm fing an zu bluten. Diel betrachtete die zugefügte Wunde. *Es tut immer noch nicht wirklich weh. Muss ich tiefer gehen? Warum bin ich so taub? Faszinierend. Dass mich noch mal etwas so an mir interessiert. Wie viele kleine Ritzer passen wohl nebeneinander? Würde ich sterben, wenn ich mir den ganzen Arm aufschneide, aber jede Vene und Arterie verfehle?* Diel schnitt sich weitere Male in den Arm. Nach jedem Schnitt begutachtete er die Tat. *Was mache ich hier eigentlich? Ach, wen interessiert's. So habe ich wenigstens etwas zu tun. Verdiente Tätigkeit für einen*

Taugenichts, der von Anfang an zum Scheitern verurteilt war. Seine Mimik war starr. Er lachte nicht, er weinte nicht. Er war völlig unberührt. Das Blut floss von seinem Unterarm hinunter auf das Bett. *Die Flecken kriege ich nie wieder raus.* Er nahm die Schere in seine andere Hand und beschnitt den anderen Arm. *Schon verblüffend, wie viel Blut ein Mensch so verlieren kann.* Er hielt die Schere vorsichtig an seinen Hals. *Könnte ich es tun? Könnte ich mich jetzt und hier einfach befreien? Habe ich wirklich die Kraft dazu? Mir die Arme aufzuschneiden ist eine Sache. Aber könnte ich es endlich beenden.* Diel fing an zu zittern. Sein Herz fing an schneller zu schlagen. *Nach all dem Mist hätte ich es doch verdient, mein Ende selbst wählen zu dürfen, nicht wahr? Warum also kann ich es nicht?* Tränen füllten seine totgeglaubten Augen. *Warum bringe ich nicht den Mut auf? Was hält mich noch davon ab? Meine Freunde haben mich im Stich gelassen. Die Menschen wollen mich nicht. Die Welt will mich nicht. Ich ... ich will mich nicht. Die einzigen, denen ich noch vielleicht etwas bedeute, sind meine Eltern. Tu ich das aber? Ich weiß es nicht. Aber selbst, wenn nicht, könnte ich ihnen das antun? Dass sie am Wochenende in mein Zimmer kommen und ihren eigenen Sohn mit aufgeschlitztem Hals im blutverschmierten Bett vorfinden? Dieses Bild würde sich für immer in ihr Gehirn einbrennen. Das will ich nicht. Kann ich nicht einfach einschlafen und so befreit werden? Ich wäre tot. Meine Eltern am Boden zerstört. Doch das Bild eines schlafenden Sohnes wird wohl besser zu ertragen sein als das eines vollgebluteten und aufgeschlitzten. Ich bin bereit, glaube ich, es endlich hinter mich zu bringen. Aber ich will nicht egoistisch sein. Und wenn ich eines bis zum Schluss nicht sein will, dann ist es, egoistisch zu sein. An dem will ich festhalten. Auch wenn ich sonst auf jeder Ebene versagt habe.*

Donnerstag. Noch immer ließ sich Diel nicht außerhalb seines Zimmers blicken. Niemand schaute nach ihm.

„*Deine Eltern haben keine Zeit für dich.*"
Sei still.
„*Niemand nimmt Rücksicht. Niemand.*"
Ich sagte, sei still, Metrom.

„Warum Rücksicht auf Eltern nehmen, die ihren Sohn nicht zu schätzen wissen?"

Genervt erhob sich Diel von seinem Bett und holte seine Kopfhörer aus seinem Rucksack. Er setzte sie auf und spielte irgendwelche Musik auf voller Lautstärke.

„Musik wird dir nicht helfen, mich zu ignorieren."

Diel legte sich wieder hin und streichelte seinen rechten Unterarm. Lass mich einfach in Ruhe.

„Du musst dich entscheiden."

Diel versuchte, die Stimme zu ignorieren.

„Ich bin da, um dir zu helfen. Höre auf mich. Tu es endlich."

Diel stand auf und ging schleichend aus seinem Zimmer. Wenn ich spazieren gehe, hältst du vielleicht deine Klappe. Er zog seine weiße Jacke vom Kleiderständer. Er schaute auf seine Ärmel. Rote Striche färbten sich. Die Kratzer müssen wohl aufgegangen sein. Er ging wieder hinauf in sein Zimmer und schob die Jacke unter sein Bett. Dort lag ebenfalls seine rote Jacke. Auf dem Weg nach draußen nahm er seine schwarze Jacke vom Kleiderständer und ging hinaus. Er wusste nicht, welche Route er nehmen sollte. Er lief einfach. Er würdigte niemanden, der ihm entgegenkam, eines Blickes. Er lief mit aufgesetzter Kapuze, den Blick auf den Boden gerichtet, einfach geradeaus. Er lief und lief. Und er träumte vor sich hin. Erinnerungen mit seinen Freunden, wie sie zusammen lachten, wie sie zusammen Unfug anstellten. Er dachte an seine Eltern, die, auch wenn sie nur selten da waren, sich doch stets bemühten, sich um ihn zu kümmern. Er dachte über alle schönen Erinnerungen nach. Über die mit seinem Hund. Das Umhertoben mit ihm. Die Fröhlichkeit, die er damals beim Spielen spürte. Und die Trauer, die ihn bei seinem Tod quälte. Er dachte über das Mobbing nach. Wie viel Schande man ihn ausgesetzt hatte. Wie unfähig er war, sich zu verteidigen. All diese Erinnerungen. All diese glücklichen, traurigen und hasserregenden Momente. Mein Leben ist wahrlich ein Theaterstück vom Allerfeinsten. Wenn doch nur jemand aufstehen würde und mir zurufen würde, wie bescheuert meine Schauspielkünste seien. Wenn der Vorhang endlich fallen würde und ich neu anfangen *könnte.* Er erhob seinen Kopf. Neben ihm verlief ein vertrauter Fluss. Er war genau auf dem alten Wanderweg, der in die Altstadt führte. Ein paar Meter vor ihm konnte er den alten Baum erkennen, unter dem Felis mit den anderen zwei Personen saß. Er näherte sich vorsichtig der Stelle. *Was, wenn sie wieder dort sitzen? Wie werde ich reagieren? Er hätte es verdient. Ich sollte ihn zur Verantwortung ziehen. Mit einer Entschuldigung ist es keinesfalls getan. Aber es wäre ein Anfang.* Er kam dem Baum immer näher. Er lehnte sich kurz an ihn. *Bin ich bereit? Kann ich mich zurückhalten? Ich will ihn töten. Ich will ihm den Kopf abreißen. Aber ich kann nicht. Ich will mich nicht verlieren.*

„*Das hast du schon.*"

Vielleicht. Doch das werde ich herausfinden. Wenn er da ist und ich die Kontrolle verliere, dann bin ich eine Gefahr für jeden. Ich will dann nicht mehr leben, wenn es heißt, ich könne meine Gefühle nicht mehr unterdrücken. Wenn ich sie weder unterdrücken noch kontrollieren kann, dann kann ich auch sterben. Er nahm seine Kopfhörer ab und ging langsam um den Baum herum. Er schaute gespannt, ob sich Felis dort befinden würde. Er war überrascht. Es saß nur eine Person dort. Es war das junge Mädchen, dass damals mit Felis und dem dicken Jungen hier war. Sie starrte gerade auf ihr Handy. Da hob sie ihren Kopf und erblickte Diel.

„Hey, hey! Ein Stalker?", lachte sie. Diel wirkte verlegen. Er drehte sich um und wollte wieder gehen. „Warte mal, wo willst du denn hin? Setz dich zu mir! Keine Sorge, Felis kommt nicht", rief sie ihm hinterher. *Wieso sollte ich mich zu dir setzen? Du bist doch mit ihm befreundet.* Diel drehte sich misstrauisch um. Das Mädchen rutschte ein wenig zur Seite und klopfte auf den leeren Platz neben sich. Zögerlich setzte sich Diel zu ihr. Er schaute sich das Mädchen genauer an. Sie hatte immer noch die gleichen kaputten Turnschuhe an wie damals. Sie trug eine schwarze Lederjacke und ihr langes, schwarzes Haar sah etwas zerzaust aus. Sie trug roten Lippenstift, der, durch ihre blasse Haut, stark herauszustechen schien. Neben ihr hatte sie eine kleine, braune Lederhandtasche. Sie griff in ihre Tasche und nahm eine Zigarette hervor. „Ich hoffe, es stört dich nicht, dass ich rauche?", fragte sie. Diel schüttelte den Kopf. *Was soll es mich stören. Mach doch, was du willst.* Sie zündete sich ihre Zigarette an und lehnte sich zurück. Mit einem erleichternden Seufzer stieß sie den Rauch der Zigarette wieder aus. Diel schaute sie dabei an. Sie erwiderte schließlich seinen Blick. Und sie lächelte ihn an. „Ich weiß, dass muss komisch für dich sein. Schließlich hänge ich ja mit Felis ab. Und so, wie ich das vom letzten Mal noch weiß, muss er dich damals wohl ganz schön fertig gemacht haben." *Was kommt jetzt? Will sie mehr darüber wissen, was damals passiert ist? Damit sie über das, was ich ihr sage, mit Felis sprechen kann?* „Er kann schon ziemlich ein Arsch sein. Aber ich bin nicht Felis. Also bleib cool." Lässig schlug sie Diel auf die Schulter.

„Wieso hängst du mit ihm überhaupt ab? Er ist ein Idiot. Zu dir scheint er dann wohl recht nett zu sein", erwiderte Diel gereizt.

„Na ja, er lässt ab und zu ein paar Sprüche fallen. Aber das interessiert mich nicht. Wir hängen oft zusammen ab und rauchen Gras zusammen", flüsterte sie Diel freudig zu. *Ein Junkie. Toll. Was sollte ich auch sonst von einer Freundin von Felis erwarten.* Sie schmiss ihre Zigarette auf den Boden und zerstampfte sie mit ihren abgelatschten Schuhen. „Sag, das, was Felis damals mit dir angestellt hat, verfolgt dich das noch?", fragte sie plötzlich. Diel schaute überrascht. Das Mädchen wies ihren Blick nicht vom Boden ab. *Woher weiß sie das? Nein, warte. Sie weiß gar nichts. Sie hat mich nur gefragt.*

„Wieso fragst du?", Diel rückte etwas näher. *Wieso willst du das wissen?*

„Weißt du, wenn ich sehe, wie blass du bist und wie müde du aussiehst, dann weckt das Erinnerungen. Du kannst nicht gut schlafen, stimmt's?" Sie hob ihren Blick und lächelte Diel an. Doch ihr Lächeln war ein trauriges. *Ein falsches, allzu vertrauliches Lächeln.*

„Woher weißt du das?", fragte Diel rasch. *Hab ich endlich jemanden gefunden, der mir helfen kann? Der weiß, wie es mir geht? Der weiß, wie ich wieder normal werde?*

„Du hast bestimmt seltsame Albträume und fühlst dich echt beschissen den ganzen Tag. Und alles wird dir auch irgendwie zu viel, oder? Egal wie groß die Aufgabe auch ist, du fühlst dich kraftlos. Du möchtest am liebsten gar nicht mehr aus deinem Bett aufstehen", sagte sie. Ihr Lächeln verlor immer mehr an Gestalt. *Kann es sein? Oder ist das ein Trick.* Diels Herz schlug schneller, er war aufgeregt.

„Sag mir, woher weißt du das alles?", hakte er nach. Das Mädchen drehte sich mit dem Oberkörper zu ihm. Sie streckte einen ihrer Arme aus und zog den Ärmel ihrer Jacke hinauf. Diels Augen wurden groß. Ihr Arm war mit verschiedenen Brandnarben gekennzeichnet.

„Du musst mir nicht sagen, ob ich recht habe. Aber ich weiß ungefähr, wie sich das alles anfühlen muss. Leute wie Felis sind echt Scheiße. Aber wenn man sich ihren Blicken entzieht und man es schafft, diese blöden Kommentare zu ignorieren, dann kann man weitermachen. Als ich dich so gedemütigt sah, wusste ich, da geht mehr ab, als du zeigen willst. Und eigentlich kann es mir egal sein, was mit dir passiert. Ich kenne dich nicht wirklich. Vielleicht ist es meine Erfahrung, die mich dazu bringt, mit dir zu reden. Vielleicht hab ich auch so ein Gewissen, keine Ahnung", scherzte sie. Diel wusste nicht, wie er zu reagieren hatte. *Ich habe jemanden gefunden. Ich habe tatsächlich jemanden gefunden. Meine Retterin. Meine Helferin.*

„Wie … Wie kannst du all diese Kommentare ignorieren? Wie hast du es überstanden?", fragte Diel hoffnungsvoll. Das Mädchen fing an zu lachen.

„Überstanden? Na ja, ich würde eher sagen, ich habe gelernt damit zu leben. Ich habe Hilfe, die mich durch den Tag bringt. Nicht perfekt, aber was muss, das muss." Das Mädchen tappte auf ihre Tasche. Sie schaute Diel nachdenklich an. „Du kommst nicht wirklich klar, oder?", fragte sie ihn. Diel fühlte sich auf einmal starken Emotionen ausgesetzt. Wieder einmal hatte er den Staudamm vor Augen, der dabei war zu brechen.

„Ich weiß … Ich weiß einfach nicht mehr weiter. Ich bin verzweifelt", jedes Wort fühlte sich wie eine Runde beim Marathon an. Er brachte die Worte nur schwer hinaus. „Ich versinke förmlich in dieser … dieser Hölle. Und dann noch diese verdammte Stimme!", rief Diel erregt.

„Stimme? Okay halt mal", unterbrach das Mädchen ihn. Diel schaute sie verwundert an. *Hab ich zu viel gesagt? Hab ich, oder? Ich wusste es.* „Okay, hör zu, mit Stimmen kenn ich mich nicht aus. Und ich möchte hier nicht wirklich eine Therapiestunde abhalten. Ich weiß, dir geht's dreckig. Aber wie gesagt, ich hab meinen Mist durch. Bitte binde mir nicht deinen mit auf", sie wandte ihren Blick kurz von Diel ab.

„Niemanden interessiert es."

Sei still. Verdammt, sei einfach still. Ich dachte, sie interessiert es. Diel hielt seine Tränen zurück. Er war enttäuscht und niedergeschlagen. Das Mädchen blickte vorsichtig wieder zu Diel.

„Okay, hör zu", sagte sie. „Ich kann dir persönlich mit Quatschen nicht weiterhelfen. Aber ich kann dir was geben, was mir durch den Tag hilft." Vorsichtig griff sie in ihre Handtasche. „Aber bevor ich das tue, musst du mir versprechen, niemandem etwas zu erzählen." Diel horchte auf.

„Wenn es mir hilft, halte ich die Klappe. Ich nehme jede Hilfe", erwiderte er ehrlich. Gespannt schaute er auf ihre Tasche. Vorsichtig zog sie eine kleine Spritze aus ihrer Tasche.

„Weißt du, was das ist?", fragte sie misstrauisch. Diel betrachtete die Spritze genauer.

„Irgendein Medikament?", fragte Diel.

„Nicht ganz", lächelte das Mädchen verlegen. „Das ist Heroin. Das nehme ich mittlerweile fast jeden Tag einmal. Das lässt die Sorgen und Emotionen für eine Weile verschwinden. Du fühlst dich, als könnte dir nichts etwas anhaben. Alles wird dir teilweise egal. Du wirst all den Scheiß, der dich belastet, vergessen. Auch wenn es nur temporär ist." Diel wich ein wenig zurück. *Drogen. Natürlich sind Drogen die Antwort. Was sonst könnte so ein Elend beenden?* „Du wirkst etwas enttäuscht. Hast du etwa erwartet, ich hätte ein Wundermittel gegen diesen Mist?", lachte das Mädchen Diel aus. Diel zögerte noch.

„Und das soll wirklich helfen?", fragte er.

„Es hilft mir. Ob es dir auch hilft, weiß ich nicht. Aber ich kann dir eine mitgeben. Ich habe noch zwei in meiner Tasche. Sieh es als eine Gratisprobe. Um zu schauen, ob es dir hilft. Die Menge reicht, dass du was spüren solltest. Falls es was bringt, übertreib es mit den Dingern nicht. Eine pro Tag sollte genügen." Sie kramte in ihrer Tasche herum. Da erkannte sie einen älteren Herrn, der gerade am Baum vorbeilief. Ihr Blick fixierte sich auf ihn. Schnell zog sie ihre Hand wieder hinaus und überreichte Diel die Spritze unauffällig. Sie hielt seine Hand. Diel schaute auf ihre ineinander verflochtenen Hände. *Normalerweise würde ich mich wohl freuen, dass ein Mädchen meine Hand hält. Doch ich spüre nichts. Ist es mir einfach egal? Ich hasse das. Nichts zu fühlen.* Der Mann nickte den beiden grüßend zu und lief weiter. Das Mädchen ließ Diels Hand los. Er hielt nun eine Heroinspritze in der Hand. „Falls es etwas bringt, ich bin sonntags wieder hier. Ohne Felis", zwinkerte sie ihm zu. Sie stand auf und nahm ihre Tasche. „Ich muss jetzt gehen. Also falls es etwas bringt, sehen wir uns am Sonntag", sie winkte Diel zum Abschied. Diel winkte zurück und bleib noch eine Weile sitzen. Er begutachtete die Spritze in seiner Hand. *Einmal. Nur einmal, um es zu versuchen.* Er strich vorsichtig über die Kappe der Spritze. *Und wenn es hilft ... Ja, wenn es hilft, dann hilft es. Mehr wollte ich doch nie. Was soll mir denn noch passieren. Endlich habe ich etwas bekommen, was mir vielleicht hilft. Verdammt, ich wäre doch ein Idiot, wenn ich es nicht wenigstens versuchen würde.* Diel wollte gerade aufstehen, da erkannte er, dass etwas am Boden zu liegen schien. Es war eine weitere Spritze. *Ist sie ihr aus der Tasche gefallen?* Er hob sie auf. *Wenn es hilft? Dann habe ich wohl nun eine zweite Testspritze.* Er steckte die beiden Spritzen in seine Jackentasche und lief wieder nach Hause.

Kapitel 13:
Selbstmord

Diel rannte. Er rannte, so schnell er konnte. Wieder einmal war er in einem dunklen Wald. Etwas rannte ihm hinterher. Er drehte sich nicht um. Er wollte nicht. Er hatte Angst. *Wieso renne ich eigentlich? Was auch immer mir da hinterherrennt, bringt mich wohl um. Ist das schlimm?* Diel versuchte stehen zu bleiben. Doch sein Körper gehorchte ihm nicht, er rannte stets weiter. Das, was hinter ihm herrannte, schien näher zu kommen. Das Knacken von Ästen wurde immer lauter. Seine Atmung fiel immer schwerer. Langsam konnte Diel die Richtung, in der er lief, verändern. *Ich will, dass dieser Mist hier aufhört. Ich will nicht mehr rennen. Das macht doch keinen Sinn, wenn es mich eh einholt.* Diel änderte mit aller Kraft seine Richtung. Er rannte nun direkt auf einen Baum zu. Der Baum kam immer näher. Fast zeitgleich wie das Geräusch der knackenden Äste. Diel rannte weiter und weiter. Er konnte nicht stoppen. Er kniff die Augen zusammen. Und knallte geradewegs in den Baum. Er hatte Schmerzen. Oder doch nicht? *Das ist ein Traum. Oder? Nichts tut mir weh.* Langsam stützte er sich von dem Baum weg. Es war ein großer, alter und morscher Baum. Fast wie der vor seinem Fenster. Als er sich abstützte, sah er, dass seine Arme anfingen zu bluten. Kleine Risse öffneten sich an seinen Unterarmen und sein Blut besudelte den trockenen Waldboden. Verwundert betrachtete er seine Wunden. Da horchte er plötzlich auf. Das Knacksen war verschwunden. Stand der Verfolger etwa genau hinter ihm? Diel zögerte nun. Wollte er wirklich wissen, was hinter ihm steht? War er bereit für dieses Etwas, das ihn womöglich töten würde? Die Angst wurde stärker. Er konnte sich kaum noch bewegen. Er war wie gelähmt. Er versuchte zu horchen, wo genau der Verfolger stand.

Ob er sich vermutlich bewegen würde. Nichts. Er musste genau hinter Diel stehen.

„Hast du Angst?", flüsterte ihm eine kratzige, vertraute Stimme ins Ohr. *Metrom?* „Ja. Willkommen, Diel. Schön, dass wir uns mal von Angesicht zu Angesicht unterhalten können. Willst du dich denn nicht mal umdrehen?", fragte Metrom.

„Ich versuche es ja. Aber es geht nicht", erwiderte Diel.

„Oh, du schaffst das schon, wenn du es nur wolltest. Du hast Angst, nicht wahr? Angst vor dem, was du womöglich sehen könntest. Du bist stehen geblieben, weil du meinst, ich bringe dich um. Aber das tue ich nicht. Nicht, wenn du mich nicht ansiehst." Diel schwitzte am ganzen Körper. Seine Arme bluteten stärker. Er versuchte seinen Kopf zu drehen, doch ohne Erfolg. „Wie groß ist dein Lebenswille, Diel? Willst du überleben? Willst du dein Leben zurück? Du gibst mir die Schuld an deinen Wutausbrüchen und an deinem Leid, oder? Nun, warum tötest du mich dann nicht?" Diel horchte auf.

„Was würde das bringen, Metrom? Du bist ein Hirngespenst", gab Diel zurück.

„Das verletzt mich aber nun, Diel. Ich hielt dich für schlauer. Wenn du mich tötest, dann tötest du all deine Sorgen. Kannst du das? Kannst du mich töten? Kannst du mir in die Augen sehen und mir zeigen, wie stark du wirklich bist? Oder bist du wirklich so schwach, wie sie alle sagen?" Diel ballte seine Fäuste. Was würde ihn erwarten, sobald er sich umdrehen würde? Welche groteske Gestalt würde ihn begrüßen? Er schaute erneut auf seine Arme. Und da, in seiner Hand, hielt er ein rostiges, mit Blut beflecktes Messer. Er fasste all seinen Mut zusammen und drehte sich mit einem groben Ruck um. Was er nun sah, hatte er nicht erwartet. Eine junge Gestalt mit blondem Haar, einer schwarzen Jacke, bleicher Haut und roten Augen begrüßte ihn mit einem breiten Grinsen. *Das bin ich.*

„Bis auf die roten Augen, ja. Ich sagte dir doch, ich bin du. Und du bist ich." Metroms Grinsen wurde immer größer. Es zeigten sich schwarze Zähne. „Ich frage dich nun nochmals, Diel", sagte Metrom, während er sein Gesicht immer näher an das von Diel drückte. „Kannst du mich töten? Oder muss ich dich töten? Einer von uns muss ja wohl verschwinden", lachte Metrom. Diels Herz schlug wie verrückt. *Was tu ich? Kann ich ihn töten? Ich muss nur zustechen. Dann wird alles gut. Ich muss es nur tun. Ich muss es nur durchziehen.* Diel spürte einen Adrenalinstoß, er blickte Metrom direkt in die Augen. Dieser schien sich an Diels Zuversicht zu erfreuen. „Nun, wie entschei..."

Bevor Metrom seinen Satz beenden konnte, stieß Diel ihm das Messer mit einem hasserfüllten Schrei in den Hals. Leicht durchsichtige Flüssigkeit trat aus der Wunde heraus. Metrom hielt den Augenkontakt mit Diel und grinste ihn weiterhin an. Diel schrie weiter und stieß das Messer weiter in seinen Hals.

„Stirb! Stirb, du elender Bastard und lass mich frei!", schrie Diel mit all seiner Kraft. Metrom öffnete seinen Mund. Riesige scharfe Zähne kamen zum Vorschein. Sein Mund öffnete sich weiter, als es für einen Menschen eigentlich möglich sein sollte. Metrom versuchte nun, mit offenem Mund und stetigem Grinsen, näher an Diel heranzurücken. Dieser wiederum versuchte weiterhin mit dem Messer Metrom zu Fall zu bringen. Doch es schien nichts zu funktionieren. Diel zog das Messer aus Metroms Hals. Dieser schnellte nun mit seinem Maul zu Diel. Diel packte das Messer fester, schrie und stach Metrom genau in eines seiner Augen. Doch das tötete ihn nicht. Und alles, was Diel darauf sah, waren scharfe Zähne und ein großes, schwarzes Nichts.

Diel wachte auf. Er war schweißgebadet und zitterte. Er hatte unglaubliche Angst. Er setzte sich auf und wischte sich ein Gemisch aus Tränen und Schweiß aus dem Gesicht.

„Was ist nur los mit mir? Warum? Warum kann ich nicht gesund werden?", rief Diel unter Tränen.

„Ganz ruhig, Diel. Du weckst doch noch deine Eltern." Diel erschrak. *Ist jemand in meinem Zimmer?* Vorsichtig schaute er sich um. Wie festgefroren blieb sein Blick auf das Fußende seines Bettes haften. Rote Augen und ein breites Grinsen schielten in der Dunkelheit über die Bettkante. Diel war panisch.

„Verschwinde! Hau ab! Lass mich in Ruhe!", schrie er. Schleichend kroch das Wesen auf seinem Bett und krabbelte Stück für Stück näher auf ihn zu. *Bitte, Gott. Bitte.* Diel schlotterte. Er blickte auf seinen Nachttisch. Dort lagen die Spritzen. Er griff nach einer, nahm die Kappe ab und spritzte sie sich in den Arm. „Bitte funktionier. Geh weg! Lass es funktionieren." Die roten Augen kamen immer näher.

„Meinst du, so eine kleine Spritze kann mir was anhaben? Wir sind doch Freunde, Diel. Lass uns etwas Spaß haben", kicherte ihm die Stimme zu. Impulsartig nahm Diel die zweite Spritze.

„Nein. Ich habe genug. Ihr könnt mich alle mal!"

Jugendlicher mit Überdosis
in Einfamilienhaus gefunden!

In der Nacht vom vergangenen Donnerstag auf Freitag ging bei der örtlichen Polizei ein Notruf ein. Ein Elternpaar sei aufgrund von lauten Schreien im Zimmer ihres Sohnes, 19 Jahre, aufgewacht. Nachdem die Eltern das Zimmer betraten, um nach ihrem Sohn zu sehen, fanden sie ihren Sohn leblos im Bett liegend vor. Die Polizei hat mittlerweile bestätigt, dass es sich bei der Todesursache um eine Überdosis handelt. Die Eltern möchten sich des Weiteren nicht zu dem Fall äußern. Wir befragten einige Bekannte und Freunde des Opfers. Ein enger Freund des Opfers gab uns gegenüber bekannt, es sei für ihn „unvorstellbar" gewesen, dass das Opfer ein Drogensüchtiger gewesen sei. Eine Freundin des Opfers ergänzte zudem, er sei ein „anständiger und liebevoller Mensch gewesen". Für beide sei es unverständlich, wieso ihr Freund Selbstmord begangen haben soll. Er sei ein „verantwortungsvoller und ruhiger" Mensch gewesen. Von anderen Berichten aus der Schule, welche das Opfer besuchte, geht jedoch hervor, dass es schon durchaus zu Gewaltausbrüchen gekommen sei. Das Opfer schien zudem auch die Schule zu schwänzen. Die Schule bedauerte dennoch den Verlust und gab bekannt, eine Schweigeminute am morgigen Tag abzuhalten. Ebenfalls werde man sich bemühen, eine Kampagne innerhalb der Schule zu starten, welche die Gefahren von Drogenmissbrauch aufzeigen soll. Die Schultherapeutin gab uns noch folgendes Zitat mit:

„Lassen Sie, liebe Eltern, Ihre Kinder nicht aus den Augen. Drogenmissbrauch oder Drogenabhängigkeit kann sehr gut vertuscht werden. Sollte Ihr Sohn oder Ihre Tochter körperliche

Symptome zeigen, wie blasse Haut oder unnatürliches Verhalten, so haken Sie nach. Es ist die Aufgabe von uns Pädagogen und der Eltern, wie auch nahen Freunden, Menschen mit diesen Problemen zu helfen. Ich will damit keinesfalls die Eltern des Opfers schlecht reden. Die Schule hat bezüglich dieses Schülers genauso versagt. Die Kampagne, die die Schule gegen Drogen führen möchte, wird hoffentlich mehr Aufklärung zu diesem Thema bringen und Eltern, wie auch Nahestehenden aller Art, aufzeigen, wie sie einer drogensüchtigen Person helfen können.“

Kommentar des Autors

Die Geschichte, die sie hier gelesen haben, hat den schlimmsten und dunkelsten Teil eines psychisch erkrankten Menschen widergespiegelt. Unser Protagonist erlag dabei seiner Krankheit innerhalb einer Woche. Das ist relativ schnell und auch eher untypisch. Allerdings sind das Erleben und die vorhandenen Symptome durchaus eine Möglichkeit. Stellen Sie sich vor, diese Symptome, all das, was Sie hier gelesen haben, würden Sie für **mindestens** ein Jahr erleben, und das auch noch in Episoden, die noch dazu eine individuelle Länge haben. Man könnte also, so grausam sich das auch anhören mag, von Glück reden, dass der Protagonist nur für eine Woche diesem Leid ausgesetzt war. Das Leid von Diel ist auf der ganzen Welt in verschiedenen Formen und Namen zu finden. Dass die Erkrankung des Gehirns uns Dinge sehen und fühlen lässt, die wir nicht unterdrücken können, verleitet viele zu Notlösungen. Diese können durchaus Drogen sein oder aber der Suizid. Rund 700.000 Menschen begehen laut der WHO jährlich Suizid. Natürlich muss ein Suizid nicht automatisch der Grundlage einer psychischen Krankheit entspringen. Doch der Entschluss, sich das eigene Leben zu nehmen, ist aus meiner Sicht ein trauriges und zugleich faszinierendes Thema. Wie weit muss ein Mensch getrieben werden, dass er sich das Leben nimmt? In diesem Buch waren es Verzweiflung, Hoffnungslosigkeit und Angst, die dem Opfer den Rest gaben. Menschen mit einer so schlimmen Krankheit, dass jeder Tag ein Albtraum ist, leben wohl mit einem Fass voller Wasser. Randvoll und fast am Überschwappen. Und jedes mögliche Unglück, jedes noch so kleine Missgeschick, könnte das Fass zum Überlaufen bringen. Und verlieren sie ihr Wasser, was bleibt ihnen noch? Umso traurig es auch ist zu wissen, dass es Menschen da draußen gibt, die sich aufgrund von fehlender Hilfe und Verzweiflung das Leben nehmen, umso erstaunlicher ist es aber auch für mich zu wissen, dass es Menschen gibt, die ihren Kampf weiterführen. Die ihren Kampf ein Leben lang sogar weiterführen, auch wenn ein Sieg vielleicht nie ganz möglich sein wird. Doch um noch einmal auf die eigentliche Geschichte dieses Buches zurückzukommen. Sie haben hier einen Protagonisten, der sich das Leben nahm. Dass es sich bei diesem literarischen Werk um eine Tragödie handelt, ist einigen von Ihnen wohl klargewesen. Ich als Autor muss nun aber meine Geschichte betrachten und frage mich, wer hat eigentlich Schuld am Tod von Diel? Es wäre zu einfach, diese Frage mit einem auf mich gerichteten Finger zu beantworten. Waren es die Freunde, die nicht auf eine Nachricht reagierten und damit einen Gedankensturm ins Rollen brachten? Waren es die Eltern, die nicht genug Zeit mit ihrem Sohn verbrachten? War es der Mobber und der Zuständige für das Trauma? War es das Mädchen, das Diel die Drogen gab? War es Metrom, das Hirngespinst? Waren es die Lehrpersonen, die ihre Aufmerksamkeit nicht auf einen ihrer ruhigsten und zurückhaltenden Schüler richteten? Die Mitschüler, die Diel kaum beachteten? Oder war es Diel selbst? War er vielleicht doch nur zu schwach, sich gegen seine Krankheit zu behaupten? Was denken Sie? Wie hätten Sie Diel geholfen? Wie hätte sein Tod verhindert werden können? Fragen über Fragen. Gibt es eine Antwort für jede einzelne? Ja. Kann ich sie Ihnen geben? Nein. Dieses Buch spiegelt das verzweifelte Leben von Diel wider, der, auf der Suche nach Hilfe, keine bekam. Was lernen Sie daraus? Was nehmen Sie mit? Würden Sie eine psychisch kranke Person nun erkennen? Wohl nicht. Doch wenn Sie einer begegnen, wenn Sie Anzeichen finden, denken Sie an diese Geschichte. Denken Sie daran, dass es nicht unbedingt Worte sein müssen. Egal was Sie tun, tun Sie es. Denn wenn Sie nichts tun, so hat der Tod einen gewaltigen Vorsprung.

Der Autor

Domenic-Lukas Keip wurde 2001 in Potsdam gebo-
ren. Er studiert momentan an der Pädagogischen
Hochschule FHNW den Bachelor für die Primarstu-
fe. Dies ist seine erste Veröffentlichung. Der Autor
lebt seit 2007 in der Schweiz.

Der Verlag

*Wer aufhört
besser zu werden,
hat aufgehört
gut zu sein!*

Basierend auf diesem Motto ist es dem novum Verlag ein Anliegen, neue Manuskripte aufzuspüren, zu veröffentlichen und deren Autoren langfristig zu fördern. Mittlerweile gilt der 1997 gegründete und mehrfach prämierte Verlag als Spezialist für Neuautoren in Deutschland, Österreich und der Schweiz.

Für jedes neue Manuskript wird innerhalb weniger Wochen eine kostenfreie, unverbindliche Lektorats-Prüfung erstellt.

Weitere Informationen zum Verlag und seinen Büchern finden Sie im Internet unter:

www.novumverlag.com